性时代
迎新职场

Time To Be A Girl

[英]
Helena Morrissey
海伦娜·莫里西
著

张含笑
译

GUANGXI NORMAL UNIVERSITY PRESS
广西师范大学出版社
·桂林·

NÜXING SHIDAI: CHUANGZAO XIN ZHICHANG
女性时代：创造新职场

著作权合同登记号桂图登字：20-2022-235 号

图书在版编目（CIP）数据

女性时代：创造新职场 /（英）海伦娜 • 莫里西（Helena Morrissey）著；张含笑译. --桂林：广西师范大学出版社，2023.4
书名原文：A Good Time to be a Girl
ISBN 978-7-5598-5716-3

Ⅰ. ①女… Ⅱ. ①海… ②张… Ⅲ. ①女性－职业选择－通俗读物 Ⅳ. ①C913.2-49

中国国家版本馆 CIP 数据核字（2023）第 016154 号

广西师范大学出版社出版发行
（广西桂林市五里店路 9 号　邮政编码：541004
网址：http://www.bbtpress.com）
出版人：黄轩庄
全国新华书店经销
广西民族印刷包装集团有限公司印刷
（南宁市高新区高新三路 1 号　邮政编码：530007）
开本：880 mm × 1 240 mm　1/32
印张：7　图：5 幅　字数：160 千字
2023 年 4 月第 1 版　2023 年 4 月第 1 次印刷
定价：68.00 元

“请阐述一下你能为公司带来哪些贡献。”

谨以此书纪念我的两位祖母：艾琳和艾米。

她们都是伟大的女性，只是没有遇到像现在这样的好时代。

目录

前言

身为女性，我们遇到了一个好时代。说老实话，若换作从前，我不觉得自己能毫不含糊地说出这句话。在迄今为止 50 年的人生里，我在男性主导的行业里打拼了 30 年，也当了 25 年母亲，从养育一个儿子到现在共有六个女儿、三个儿子。这几十年来，我看到了女性权益真的有发展进步，对女性而言，世界在越变越好。我希望你能在我的故事里看到，我们已经取得的进步是多么值得被颂扬，也希望无论你处在人生的哪个阶段，都能知晓如何为自己创造成功的机会。我承认在我的人生道路上，我做出了一些“幸运”的选择；我希望你也可以通过观察哪些路径是有效的，哪些是无效的，从而把命运掌握在自己手里。

如今，我们面对的机遇要远大于过去未竟的事业——这也是我撰写这本书的原因。性别平等是一个老生常谈的话题，但我们还远未能应付自如。尽管存在许多文献、箴言、理论和见解；但现实中依然只有少数女性能站上成功的顶点，或是能感到自己的潜力得到了充分的发挥。更多女性告诉我的是，她们对自己的前景感到沮丧，无法兼顾事业及作为母亲照顾家庭的角色。她们看不到性别平等运动与她们的实际生活有任何的联系，那些运动往往只针对少数享有特权且受过高等教育的白人女性，而不是所有女性。

与此同时，企业也觉得很沮丧，他们认为他们多年来在鼓励女性和其他“多元”人才方面已经付出了许多努力，但高管中的女性数量仍不见明显增长。有时，企业精心安排的举措反而无意中导致了弊大于利的结果——因为这些举措容易让大家把“多元化”看作是一个麻烦，而不是一个加分项。

尽管如此，我还是比以往任何时候都更加乐观。我相信，只要我们——男人和女人——同心协力，就能共同拥有一个前所未有的机会来创造一种全新的、更成功的、与众不同的方法，这个方法不仅能为女性创造更多机会，也能给男性提供更多选择。相较于培训女性用过时的方法参与职场，这是一种针对性别平等议题的更大胆的做法。如今能登上成功顶峰的女性（又或是少数族裔、同性恋和残障人士）都只是个例，而且她们几乎都必须遵从现有的游戏规则。而我们现在有机会重塑游戏规则——但并不是以男性的利益为代价，而是要创造出更适合当今及未来世界的工作和生活方式。多年来，无论男性或女性，都曾跟我诉说过那些遵从某些“规范”的压力，而这些规范只是一种社会惯性，对任何人都谈不上合理，在这个数字时代更显得脱节。

因此，我们共同的雄心壮志是要创造出更好的方法，让所有人作为平等的个体去工作、生活、相爱，并养育家庭。这将是一个合伙协作的模式，而不是什么等级制或父权制。

这种方法与截至目前为两性平等所做出的努力不同。到目前为止，女性群体和少数族裔大多都是在追赶男性群体，缺乏革命性的飞跃。比如说，确实有更多女性成为律师、会计师和医生，但与此同时，男性更是在不断前进，力争上游，开拓新的领域，探索更具创业精神、风险更高的成功之路。就以创业公司为例，在全美风险投资公司的总投资额中，仅有 2% 投给了由女性领导的创业公司。如果我们一味追随男性的步伐，模仿男性，却永远落后他们几年，那我们是不会找到出路的。作为女性，我们有自己值得贡献的优势。

我为什么这么有把握？就算当许多评论员面对特朗普总统上台、性别收入差异，以及一系列性骚扰丑闻而发出绝望的感叹时，我为何能处之泰然呢？因为我所看到的新机遇正来自我们身处的、不断发生巨变的环境中。当今的剧变在许多方面都令人感到不安，甚至可能制造挫折；但也正是变化打开了通往新境界的大门。这不是我的一厢情愿，我的经验告诉我，人在混乱的时候更有可能接受他们平时不可能接受的新想法。这是一种理性的反应：当道路平坦时，你几乎没有动机去考虑别的路线；但在道路坎坷时，我们就需要探索新思路以找到新出路了。因此，抓住时机是关键。

今天我们要面对的挑战是巨大的，这些挑战主要来自科技的驱使。科技正在迅速破坏传统的权力结构，改变了对领导力的定义，颠覆了未来的就业模式，甚至会对我们的人身安全产生威胁。但面对这一切，我们根本没有现成的规则可以参考。商界、政界和社群中的领袖都意识到了我们需要全新的思维模式，但他们也还在揣测答案到底长什么样。

这本书解释了为什么性别平等是答案的重要组成部分，而不像许多人认为的那样，这属于另一个亟待解决的问题。如果我们能够将这两者联系起来，不仅对我们每个人都有好处，有利于实现平等，而且更能提高我们解决日益复杂的问题的能力。而严峻的现实是，如果我们想要解决科技对社会造成的巨大脱节，我们就需要重塑我们的集体思维，而这意味着需要更多女性参与进来。因为女性特质——包括共情能力，协作行为，以及与目标群体建立情感联系的能力——都可以帮助我们找到问题的答案。

当然，男性也可以拥有这些女性特质，重要的是要摆脱我们已经习惯了几个世纪的、大男子主义的指令式管控。如今，正如政治家们开始意识到的那样，人们不会再听任那些高高在上的、他们不信任的人的摆布。对政治家来说选民是这样，对商家来说顾客也是一样。

因此，正是在当前的剧变中，我们有机会建立起新的共识——究竟怎样才算是在事业和家庭生活中取得成功？如何才能让女性和男性一样，拥有更多自由，去选择自己的生活方式？怎样才能让这些积极的变化影响到更多人？这已经不再是往日的性别之争了。令人欣喜的是，从我的经验来看，全球许多国家的众多男性现在也都渴望实现性别平等，而这也是让整件事能载入史册的关键。无须动用革命的手段，人们可以通过里应外合来取得进展。“他帮她”“她帮他”才是正确的做法。

以我的见证，一旦许多人开始共同期盼达成某种结果，改变就会发生，因为人们会协力迈向那个目标。许多人朝着同一个方向迈出的一小步能创造出强大的推动力。哪怕经历了多年的冰河期——或者说停滞不前的阶段之后，也可能迎来突飞猛进。针对哈维·韦恩斯坦（Harvey Weinstein）的指控牵出了好莱坞乃至更多行业中普遍存在的长期的性骚扰丑闻，但我们也要看到在那之后发生的事情。我们可以理解为什么那些遭受骚扰的人当初没有站出来讲话，因为他们感到自己孤立无援，而他们所面对的“体制”却是无所不能的——但今天的社交媒体使得受害者可以联合起来，这扩大了他们的声量，并从此改变人们看待此类问题的方式。从前，去适应一个腐败的体制或许是“唯一”的选择，但现在，我们可以携手去挑战并改造这个体制。

接下来会发生什么，很大程度上取决于我们所有人，也包括正在读这本书的你。人们不再需要选择是专注于个人事业，还是去创造条件为更多人谋福利，因为这两者之间的关联正变得越来越紧密。这本书将向你展示如何充分利用当下的新机遇，无论你是在上学，还是刚开始工作；是处于职业生涯中期，还是已经步入高管的行列；也不管你的身份是子女还是家长；是导师还是后辈，老师或学生；是首席执行官（CEO），又或是学徒。

这并不是我信口开河，因为我已经见过了性别平等道路上的起起落落。当然，在此之前先辈也曾付出过多年的努力，包括一个世纪前为争取选举权而做出牺牲的女性。即便从我开始写作这本书以来，还有一些关键的事件在发生着，并将继续发展下去。伟大的巨变总少不了要面对挑战，蹒跚前行，或经历倒退，也会有看似不可避免的止步不前。这都是必经的过程。

此外，今天的机遇还远不是全球层面的。针对妇女和女童的可怕暴行还在发生，甚至就发生在我们家门口：在英国，每小时就会有一起女性生殖器割礼被发现或处理；2017 年，儿童人口贩运转介案件（往往涉及女童性虐待）的数量更是创下历史新高。如果这些恶行持续存在，那所谓性别平等的胜利就只是浪得虚名。我们在为有志女青年创造更多机会的同时，也必须确保处于社会底层，受教育水平最低的白人男青年也没有被抛在后面。

这些都是真正的挑战，正是这些挑战提醒着我们要改善全局，而不只是为少数人争取结果。我很高兴能够探索新的工作方式，让更多女性能发挥自己的潜能，也让更多男性能在其子女的生活中发挥更大的作用；我也乐于探索更好的思路来解决当下的问题，并拓展成功的定义。在这个时代，我的六个女儿不仅可以，而且必须活出自己的本色；而我的儿子也比他们的父辈拥有更多的选择。在这个时代，英国石油公司前首席执行官布朗勋爵（Lord Browne）可以在经商 41 年后以同性恋身份直面世人，也正如他所说，在这个时代，“女性不必活成男人，黑人不必活成白人。”

到某一天，当我们回过头来看，会发现变化已经在潜移默化中发生了。

第一章

两位职业女性的故事

——

远离那些试图贬低你雄心壮志的人，那是弱者惯用的伎俩。

强者会让你觉得自己也可以变强。

——

马克 · 吐温　美国作家

* * *

让我们先来听两个真实的职场故事吧。在第一个故事里，一位26岁的英国女性刚放完五个月的产假，回到城中某知名公司，重履其基金经理之职。她已经在这家公司供职5年了。当初她大学刚毕业，就加入了这里的硕士管培生计划。这个计划当时只招收20名硕士毕业生，却收到了1500份应聘申请。培训计划开始没多久，她又被选中去纽约接受为期2年的学徒专训，在公司某位王牌全球债券基金经理手下工作。至此，她的职业生涯算是开了个好头。

纽约让她既兴奋又畏惧，因为这是她第一次来到欧洲之外的地方。这里工作强度很大，办公时间很长，但她还是乐在其中，因为能学到新东西，而且她很快就被委以更多重任。当她憧憬未来时，她看到领导公司取得快速发展的是两位40多岁的美国女性，这也让她深受鼓舞。

等到这位年轻的姑娘回到伦敦时，她发觉两边的工作环境非常不一样。伦敦的速度要慢得多，每天的晨会要到11：45才开始；而且，在一个16人的团队里，她是唯一的女性。不过工作本身还是很有趣的，而且工作量也很大。她每天都会第一个来到办公室，处理日本客户从东九区发来的查询。

这家公司会在每年4月提拔一批职员。硕士管培生计划的成员更是被寄予厚望，他们的目标是在5年后晋升到经理级别——当故事中的这位女性放完产假回到公司时，她刚好进公司5年。与她同期进入培训计划的两名男性都获得了晋升，但她没有。她非常失望，想知道自己还有哪里需要改进，但得到的答案却是："你的工作表现很棒，但现在你有孩子了，我们不确定你还能否全身心地投入工作。"她震惊了，难以接受自己的远大前程这么快就无疾而终了。

第二个故事中的女主角比前一位要年长十岁，她是五个孩子的母亲，稍小的三个孩子刚刚过完一岁、两岁和三岁的生日。她也是伦敦金融城里的一名基金经理，但她所在的公司没那么出名，规模也比较小。7年前加入这家公司时，她是债券部的二把手（这个部门一共也就两个人）。当时的债券部算是公司里相对比较沉寂的部门，而她的职位也不高。从表面上看，这位女主角的处境并不像前一位年轻姑娘那样前途似锦。

但这个故事的结局却相对令人欣喜。这位35岁、生了5个孩子的女性，仅在公司工作了7年，就在某次收购之后出人意料地被委以首席执行官的重任。在那之后的15年里，这位首席执行官和她的团队将会把手中管理的资产从200亿英镑增长到500亿英镑，为公司制定出众多引领市场的投资战略，并树立起良好的声誉。她还会再诞下四个孩子——是的，她会成为九个孩子的母亲。

这两个故事的结局，一个是意料之外的失望，另一个却出乎意料地收获了成功。然而，这两个故事的女主角其实是同一个人——也就是我本人。

在第一家公司里，我甚至都没能在事业阶梯上迈出第一步，那我又是如何能在短短 7 年内成为另一家公司的首席执行官的呢？我的成功公式里有三大因素。

第一次挫败的教训让我在后一次的工作中改变了处事方法。1987 年初入职场时，我打心眼儿里相信是勤奋和天资决定了每个人的上升空间。当时的我完全没有意识到，从许多职业女性的中性装扮（如大垫肩西装）上就能看出：职场仍然是一个由男性主导的世界。

诚然，早年作为硕士管培生的经历异常精彩，甚至很风光，也让我快速收获了自信。我刚搬去纽约工作的时候，适逢首部以华尔街为题材的电影上映，片名叫作《上班女郎》。当时金融职场的氛围生气蓬勃，纽约公司的两位女老板也给人一切尽在掌握的感觉，但这种表象让我忽略了一些事实：她们的成功是极少数的个例；而且为了当上老板，她们做出了艰难的抉择和牺牲。她们需要频繁地出差，很少有属于自己的时间。她俩结婚都很晚，一个没有小孩，另一个在经历了受孕治疗之后终于怀上了一个孩子。像她们这样的女性，虽然在职场成就上树立了出色的榜样，但她们在生活中为此做出的牺牲恐怕不是每个人都愿意效仿的。

伦敦总部和纽约分公司很不一样，但彼时的我也没多想公司会如何看待怀孕的我。无论是怀孕期间，还是放完产假复工之后，我都未曾表现出自己的事业心和投入度有丝毫减退。在发现升职名单上没有我时，我还单纯地以为是自己哪里做得不够好，下一次可以改进。当老板跟我把话摊开之后，我很失望，也很诧异，但这至少让我认清了自己的处境。现在的职场应该不会再出现像我老板当时那样的说辞了。那时的我，第一反应是困惑——我根本没有想过，成为一名母亲和失去晋升机会之间是相互关联的。但紧接着，我就清醒地意识到：

我无法改变当下身处的环境，那我就只能去找一个新环境。

这整个过程就像是一堂宝贵的职场课，让我认识到韧劲的重要性。所谓韧劲不是保持不变，也不是要你从一次失望中走出来再去迎接下一次打击。当我在牛顿投资管理公司（Newton Investment Management）开启新征程的时候，我知道我必须为自己的职业道路负责。我需要更多地运用策略，而不是干等着自己的付出得到认可。

在招聘过程中，公司创始人斯图尔特·牛顿（Stewart Newton）对我进行了面试。如此位高权重的人来面试这么一个入门级的职位，在我看来是一个令人振奋的信号。斯图尔特在谈吐间展现了他的魅力，他热爱债券和外汇市场，充满活力，善于探索，而且总在留心发掘投资人才。我在牛顿工作快满一年的时候，同为女性的上司辞职了。斯图尔特跟我说，他要聘请一位“债券大师”来领导这块业务。我深吸一口气问道，在大师到来之前，能不能由我来管理这些投资组合？斯图尔特同意了，但他提出了一些合理的条件：我的座位必须紧挨着他的办公室；每天下午快下班的时候，我都要去他办公室，向他汇报我经手的交易和我对市场的看法。就这样，他很快就成了我的非正式导师。这种师徒关系不仅让我从他身上学到了东西，也让他对我的能力有了信心。

斯图尔特总是喜欢在办公室里四处走动。他每六周就会换个地方坐，方便他掌握投资团队不同业务部门的表现。每次他挪位置，我就得跟着他一起搬。虽然觉得有些不自在，但这也让我有机会认识更多同事。这次的主动请缨让我得以有机会管理投资组合，有了这个经验之后，我就更敢于探索其他机会了。我很快就意识到只要我开口，通常都能得到应允——当然前提是请求合理，我能有所贡献，能拿出好成绩。如果公司组织了一个有趣的投资委员会，而我不在成员之列，那我就会举手申请加入。但我会选择建设性地提出我的请求。比如我会说："我能不能加入那个经济小组呀？我可以在债券分析方面做出贡献。与此同时，听取其他业务层面的想法对我来说也有益处。"只要表达时不带挑衅，也不去争辩，通常都会被接纳。当然也难免会受挫，但我会吸取教训，往长远看，学习如何消化失望，鼓励自己再去争取别的机会。说实话，我一直都不太善于接受负面的反馈，很容易将批评内化，而且我发现许多女性都会这样——当然也可能是因为男性更善于掩饰自己的感受。我们稍后再来探讨这个问题。在力争让自己的请求被听到的同时，我也一直专注于强化自己的工作表现，毕竟这最能证明我的能力。

我也会寻求机会，在业界建立自己的声誉。在寻找第二份工作时，因为当时没能建立起一个人际网络，我遇到了本可避免的困境。我后来发现，作为一名管理债券基金的年轻女性，其实还是很容易受到瞩目的。有一年，我获得了"年度基金经理"的提名，入围的其他候选人不仅都是男性，甚至还都叫保罗。最终是我赢了，我相信这不仅仅是因为我在入围者中比较有辨识度，但这种猜测也无法得到证实。当我和三位保罗同时作为讨论嘉宾出现在某个投资论坛上时，主持人通常都会给我更多的发言机会。虽然作为业界为数不多的女性有时能享有这样的好处，但很显然，我们还是在一个由男性主导的圈子里摸爬滚打。

我之所以能够如此迅速地在牛顿取得长足的发展，还有另外两个关键因素的加持。其一，我所效力的这家公司看中的是结果；其二，我和丈夫理查德建立起了真正的伙伴关系来共同照顾和养育我们的家庭。这两者与我在这份工作中树立起来的全新的职业意识形成了强有力的组合，而这些因素的协同作用其实并不复杂，也不神秘。

我供职过的第一家公司是当时很传统的企业，与伦敦金融城中大多数历史悠久的机构并无二致。它创建于 1804 年，它的工作方式真的就是在数百年的习惯中累积而成的。公司里有一种“会员制俱乐部”式的氛围。办公室中日常的小事会时刻提醒你，这里有着严格的等级制度：每天下午，都会有一位身穿制服的管家推着一辆餐车走过整个楼面，他会为助理董事及以上级别的高层人员提供茶和饼干。公司资历最深的那群投资人当数资产配置委员会上的成员，他们大都已经在公司工作了 20 年，甚至更长时间。而我们这些低层级的员工时不时就会被要求提交研究报告，却从来不会被邀请去参与他们的会议。公司的架构非常死板，资历浅的员工想晋升，就必须融入这个架构。虽然纽约分公司的企业文化更有活力，也更年轻，但伦敦总部才是权力的中心。

相比之下，牛顿公司的职场氛围是友善的，是同舟共济的，是有商有量的。即便当我还只是一个刚入职一周的新员工，大家也会征求我的意见。只要你愿意，任何人都有机会为公司做出有价值的贡献。公司里也没有什么正式的架构，而是以实现更强劲的投资业绩为目标，围绕这个目标建立起一套灵活的流程；大家也不怎么在意头衔和工作年资。我能在面试中见到斯图尔特也并不是什么特例，他对投资团队成员的招聘非常上心——不管那个职位有多低。他经常强调公司任人唯贤的英才管理原则，并鼓励我彰显自己的个性，也正是这一点帮助我增强了信心。我越来越敢表达自己的投资意见，在忠于自我的同时我也变得更自在了。我打扮得更有自己的风格了，同事们也开始让我代表公司去接待客户或出席会议。尽管我时不时还是会怀疑自己，但随着期望值被抬高，我不得不挺起腰杆接受新的挑战。这其中也有一部分外部原因：就在我刚入职牛顿的时候，理查德被裁员了。虽然他又及时找到了一份新工作，但养家的重担驱使我在新工作上要更加努力。好在这次的奋斗并没有让我感到艰苦坎坷。

这家公司之所以能让我甩开膀子向前冲，并不是因为公司有多刻意倡导多元性，而是要感谢其日常文化中固有的本质。

直到 20 多年之后，当我终于决定离开牛顿，并权衡新的工作机会时，我最先考量的还是企业文化：潜在雇主是否愿意听取不同的意见？当个别员工的想法与大多数人的共识，或与老板的看法相左时，公司会不会鼓励这位员工发表自己的见解？公司里有没有奉行“英才管理制度”的迹象？此外，一旦得知那家公司遵从一板一眼的指令式管控，哪怕职位听上去很有吸引力，我也会立刻回绝。时至今日，我深知只有在真正包容的企业文化中，我才能切实地为公司做出贡献，并收获成功和快乐。而我的新东家——法通（Legal and General）不仅在理论上满足了以上所有条件，而且当我和公司不同层级的众多同事参与到涉及各个行业的项目中时，我真切地体会到自己找对了东家。

自 2008 年金融危机以来，企业文化一直备受关注。因为众多丑闻让世人看到了员工的不当行为会带来灾难性的后果，让公司声誉受损、股价暴跌。企业文化代表了一家公司的社交属性和精神气质。这似乎是一个模糊不清的概念，而且很难从外部来下判断，尤其现在多数大中型企业都会标榜多元性和包容性。但关键问题是，这些立场能否落实到日常行动中。

不久前，有位女士在健身房里和我搭讪，向我寻求建议。她觉得自己很难达到公司对她的期望。我认识她所在的投资公司的首席执行官，相信他是真心希望女性能在公司里茁壮成长的。早在几年前，当时他们的应聘者中只有10%是女性，他曾打电话来问我，如何才能多吸引一些女性毕业生。身处白人中产男性占主导的基金管理行业，那位首席执行官是发自内心地在推动各种举措，以改善业内的多元性。然而，这位女士的经历听来确实叫人沮丧：她有两个年幼的孩子，公司在面试时承诺她工作中不需要经常出差。但实情是，她刚入职不久，就连着被派去出了四次长途差，下个礼拜还有一次出差任务在等着她。舟车劳顿给她的家庭生活和日常工作都带来了影响：因为害怕出差落下了平时的工作，她就会在周末回到办公室加班，结果发现很多同事周末都在办公室里。这让她觉得，面试时所谓鼓励员工兼顾家庭的说法似乎只是纸上谈兵。

我建议她和上司聊一聊，心平气和地讲清楚：自己虽然渴望投身工作，但目前的状况不具备可持续性。我也建议她在谈话中给出具体的事例。据我推测，并没有谁故意想要误导她，只是他们没有把面试时讲的话和实际发生的事情联系到一起——这并不是什么借口，现实往往就是这样。那位女士可能是抱着下不为例的心态接受了第一次的出差任务，但她却在那次工作中取得了成功，于是后续再有出差任务时，她自然就会被看作是极佳的人选；而当初面试时的谈话，大多数人恐怕都已经淡忘了，只有她还一直记着。因此只要她能坦诚地跟上司聊一聊，公司大概率会愿意做出调整，不会眼看着她辞职。

谈好的事和落实的情况不一致，这在公司中虽然常见，但却是一个严重的问题，因为这会让员工对公司不再抱有希望，滋生出不信任。管理层通常都很希望，甚至是渴望公司能有一个更平衡的性别比例。如果在这方面一筹莫展，他们就会觉得非常挫败，但面对像这位女士所遇到的情况，他们又往往毫无察觉。因此如果我们不站出来说清楚，那他们概念中的误差就会持续存在下去——此处也并不是说我们要站出来挑衅或引战，只是要指出公司言行不一致的地方。诚然，有些工作免不了要出差，时而也需要长时间加班，但持续高压不应该成为某个职位的常态要求，因为没有人能在这样的条件下发挥出最好的状态，也更不是什么长久之计——对任何人而言都是这样，无论是男人还是女人。

上面这个例子凸显出一个广泛存在的问题：公司常常把多元性和包容性视为锦上添花的举措，而不是实现业务成功的核心。多元性确实有助于提升业绩，但针对这一观点还有许多质疑的声音。我们稍后会对此进行论证，但让我们先来探讨一下，为什么公司首席执行官们口中说的和实际发生的情况之间会存在如此普遍的差距。2015 年，时任伦敦金融城[①]市长的吴斐娜女士（Dame Fiona Woolf）曾在市长官邸举办过一场关于多元性的研讨会，而她也只是伦敦城 800 年来第二任女性市长。我特别看重那次会议的发言，因为我知道台下的听众都是公司的中层干部，要想在建立更包容的职场环境这件事上取得突破，这群人通常被看作关键所在。在我的演讲结束之后，有一位男士举手提问。他想知道，我们是如何将多元性和包容性议题融入原本已

---

① 简称伦敦城，是位于英国伦敦中心市区的金融商业区，这座“城中城”虽然隶属大伦敦市，却拥有自己的市长（Lord Mayor of the City of London）、法庭和近千名警察；管理严格，按照英国王室宪章的规定，即使英国女王进城，也须事先征得伦敦金融城市长的同意。——编者注

经很繁忙的工作日程的？他问我，会不会建议大家特地匀出一些时间来关注这件事，例如每周一小时？他完全没有意识到，这就好像在说，我们是不是该每周匀出一个特定的时间来做个好人。

这听起来或许是个特例，但像这种对多元性和包容性理解不足的情况其实并不罕见。我们之所以在这件事上进展缓慢，原因之一就是我们倾向于将“多元性和包容性”看作是一个独立的议题。但事实上，它们应该是企业文化不可分割的一部分。观念和行为虽然很难被改变，但我们可以就事论事，通过日常中的一点一滴来对其进行重塑。

如果你是企业的经营者，或许你会认为自己已经在用上述这种整合的、融会贯通的方式实现职场环境多元化了，那么有一个方法可以让你验证一下：你公司里的职位是原本就具备灵活性，还是员工需要提出申请并获得批准后才能以灵活机动的方式来工作呢？2015 年，普华永道在澳大利亚的分公司就迈出了十分大胆的一步，它们将全公司 6000 个职位完全灵活化，让员工可以自由选择工作时间。员工也可以选择兼职、岗位分享、调整工作时间，或远程办公。而且，员工不需要为自己的选择说明理由，反而是他们的主管需要做好协调工作，确保团队的工作效率。对于大多数人来说，这不是工作时间长短的问题，而是一种工作方式的改变。值得注意的是，普华永道这一举措背后的动机是要为公司吸引高素质人才。

当上牛顿的首席执行官后不久，我也做出了一项尝试，即让大家可以选择每周只工作四天，公司里的任何人都可以按需选择这种工作模式。一经选择，试行期将是半年，半年后员工可以选择保持一周工作四天的状态，或是回到原本的全日制模式。最终，选择这种工作模式的男性并不比女性少，其中还包括一些公司里最资深的男性基金经理。后来他们就这样在公司里工作了10年，甚至更久。因此选择这样的工作模式并不会让人觉得自己比别人矮半头，这也并不是什么促进多元化的举措，而是一种出于激励人才、善用资源的考量。但与此同时，这项提案确实帮助到了一些放完产假回到职场的员工，她们能自信地面对工作。因为即使缩短了每周的工作时间，自己的价值也依然能得到认可——不会被视作获得了“特殊待遇”。

2012年，我参与设计了一项有关女性工作经历的全国性调查，该调查由社区公益投资公司（Business in the Community）牵头，这个组织也是查尔斯王子基金会的一分子。我们尤其想要听取年龄介于28岁到40岁之间女性的意见，因为这个阶段的女性，职业发展往往容易落后于同年龄段的男性同事——而这绝不仅仅是因为女性在这个年龄段可能会怀孕产子。根据数据显示，没有子女的女性，其晋升机会也依然不及男性。共有25 000人参与了这项“28—40调查”，其中包括一些超出预设年龄区间的女性，也包括2 000名男性，这些男性提供了有用的参照对比。调查反馈显示，只有一半女性感觉在职业抱负上得到了雇主的支持。人们认为弹性工作制有助于平衡工作与生活，但却会让人感觉无法在职场上挺直腰杆，甚至会使晋升通道受限。只有40%的受访者表示他们所在的机构将弹性工作模式视为提高工作效率的重要手段。

绝大多数女性表示，她们并不想要什么特殊待遇，只想得到更好的管理。

在知识经济的环境下，公司越来越看重以结果为导向的绩效考评，而不是只看员工办公时间的长短。因为有些工种更容易做到这一点，所以即便是在弹性工作制概念尚未成形的20世纪80年代，我也幸运地选到了这样一种职业。每到季度末或年底，我所管理的基金的表现就是对我工作成绩的一个客观记录，而且任何人都可以看到。但假如我是公司的一名财务律师，工作性质是接案子，要以计费小时来衡量个人成绩的话，那可能就没那么容易去兼顾一个大家庭了。2016年，普华永道第25届年度“法律事务所调查”的结果显示，全英十大律所中新晋律师的年平均计费目标是1 600小时。要说大多数律师都无法达标，大家恐怕也不会觉得意外吧。

在牛顿令我受益匪浅的英才管理制度完全可以成为企业文化的规范，而不是特例。但现状却是，除少数企业之外，我们还没能真正重塑工作架构来吸引更多的多元化人才；也没能充分利用科技的优势让工作成为一个行为状态，而不只是一个固定的场景。相反，我们习惯于在“边缘处”添加一些看似锦上添花的举措，以鼓舞那些处在“圈外”的人。但这常常会把焦点引到矛盾上，并可能造成适得其反的效果，让差异看起来是个麻烦。对此，我们将在第六章探讨更有效的解决方法。

大家也常常会无意识地把解决问题的责任推给少数群体，让他们自己来解决自己声量不足的问题。我敢向你保证，这是不可能取得成效的——哪怕有公司高层为他们撑腰。“亲善团体”和特设小组或许有助于减少人们的孤独感，但并不会增加他们的晋升机会，显然也不会促进包容性。只顾埋头跟自己对话永远都不是出路。

有一天晚上，我来到一个由四大会计师事务所主办的多元化活动现场，准备发表演讲。然而，扫了一眼观众后我就发现了问题：台下是女性、少数族裔和一两名残障人士。白人男性都去哪儿了呢？后来我才得知，活动并没有邀请这个群体，而这显然会削弱活动的影响力。几位在场为活动站台的高管看上去情绪低落。上前询问之后，我才知道那天早些时候发生的一件事：那天，这家公司原本要向一个重要的潜在客户进行提案，但团队刚走进会议室就被客户赶了出来。原来这个客户很明确地提出过团队要多元化的要求，但出现在会议室的团队清一色都是中年白人男性。组织活动的会计师事务所高管向我解释说，他们当然读过任务简介，一早就安排了一位年轻的女性参与提案，但她当天恰好病倒了，等其他人再想起团队多元性的问题时已经来不及了。谁也没把这个问题当成头等大事或是问题的关键。

相比之下，斯图尔特·牛顿创造的投资哲学认为差异（多元化）是思考过程中不可或缺的一部分，应当注重从不同角度分析问题。这不仅让我受益匪浅，对于任何喜欢发散思维、愿意提出质疑和接受挑战的人来说也都值得借鉴。

让我在职场取得新成就的第三个重要因素是我和理查德之间真正的伙伴关系。在我们的第一个儿子出生后，我的职业生涯遭遇了挫折，但这没有阻止我们生育更多孩子。理查德和我都是在小家庭里长大的，对儿女众多、欢乐又吵闹的大家庭有着浪漫的憧憬。我们结婚时就想着要生五个孩子。我俩都没有殷实的家庭背景，生活只能自给自足。虽然想要组建一个欢乐的大家庭是我们自己的选择，但要实现这个梦想，我们必定要面对一些压力，包括经济上的压力。

其实我们并没有计划这么早就要小孩，但当初我们很年轻，生活没什么拘束，而且回过头来看，当时确实比较容易生育（至少是比较容易怀上）。我们的第一个孩子菲茨罗伊（Fitzroy）是在我俩结婚十个月后出生的。年轻女性常常会问我，什么时候是生小孩的“好时候”，我总会说，并不存在什么最理想的时机。但以当今的标准来看，我俩算是生得早的，我对此也感到庆幸。虽然我们当时可能并没有准备好，但就像其他第一次当父母的人一样，我们学得快。

但菲茨出生之后，经济上的拮据就没这么容易解决了。和当时众多年轻的专业人士一样，我们在20世纪80年代末借钱买了一套小公寓，却眼看着利率飙升，抵押贷款的数字在激增，房地产价格却在暴跌。我俩的薪资都不算太高，有一段时间我们几乎入不敷出，这显然不是长久之计。一个人的收入不足以支付房贷，所以我俩必须都去上班，而我们唯一可选的幼儿托班是我办公室附近的一家日间托儿所。日托班的费用是我俩税后收入的四分之一，这还没扣去我们需要支付的高到离谱的房贷。升职附带的加薪本可以缓解我们的财务压力，但在我生完菲兹回去上班的第一年，我并没有获得晋升。不过那段经历坚定了我们的决心。在牛顿的新工作让我的收入有所上涨，理查德也找到了薪水更高的职位。房贷利率回落了，但我们的公寓已经远不值我们当初买它时花的钱了，不过更大的房子价格跌幅更大，所以我们终于趁着这个机会换了套房子。

购置了一套不算太大的独栋房屋之后，我们请到了一位出色的保姆，她名叫宝拉，后来在我们家干了二十多年。她并不和我们同住，这让我们和她都能留出空间，享受与家人独处的时光，但这也意味着我和理查德必须有一个人在宝拉傍晚6点下班前到家。理查德当时是一名财经记者，每天都有很多稿子要交，于是我负责“早班”，守在家里等宝拉7：30来上班。她总是很准时，但我每天还是会为了要赶乘公共交通准时到达办公室而焦虑。

这样紧凑的安排让我丝毫不敢松懈，也没有任何犯错或拖延的余地。我们两个人每天就这样紧张地冲进冲出。我们想做到工作家庭两不误，但工作有时会霸占我们更多的精力，对我们的生活，甚至是我俩的感情都造成了负面的影响。我们必须找出一种方法让生活不只是勉强度日，而是能过得开心。生第二、第三个孩子的时候我们放慢了节奏，这两个孩子前后出生的时间相隔超过 3 年。

但在生完老三的同一年，我又怀上了第四个孩子米莉（Millie），这时我们的生活进入了一个重要的阶段。那时我俩都觉得，再多一个孩子已经是我们的极限了。理查德和我都清楚，有些事必须有所改变。于是有一天晚上，我俩决定好好商量一下接下去该怎么过。理查德自告奋勇地表示，他可以转作自由职业，在家办公，这意味着他将在照顾家庭方面挑起更重的担子。他说他本身也想要有一个更自由的空间，因为他一向都不喜欢办公室政治。后来，随着时间的推移，我们有了更多的孩子，他再去公司上班的机会和意愿也愈见微弱。他渐渐成了一名全职父亲。

这样颠覆传统角色的选择在当时是很超前的，如今，米莉都已经上大学了。虽然这样的安排不会总是尽善尽美（世上也不存在完美的事），但这个选择成全了我们幸福的家庭生活，也在事业上给了我帮助。一开始，我们完全抱着顺其自然、静观其变的态度，因为我俩也不知道自己能不能长期适应这样的安排。但我们在钱的问题上一直都非常谨慎：比如在有钱装修新家之前，我们很长一段时间都没有出去度假，顶多是在自己所在的城市里换个地方住着玩玩。但这些不过是为我们更幸福的家庭生活而做出的小小牺牲。

我们夫妻俩都相信这样的安排对孩子们是有益的。理查德乐意待在家里，孩子们参与的每一项体育比赛他都会全情投入；他也喜欢做饭，而且绝大多数时候并不介意当我们的司机。有一个大人留在家里，能让孩子在生活和情感上获益，这让我很欣慰。我也总是找机会尽量多待在家里，所以在我职业生涯的大多数日子里，我都坚持准时离开公司，回家吃晚饭。在一天接近尾声时，大家聚在餐桌旁的时间一直都是我们家庭生活中很重要的一部分。

当然，家里有九个孩子，我肯定没办法参与他们所有的戏剧表演、音乐会、芭蕾舞演出等。事实上，能参与一大半就已经很不错了。因此，我会根据孩子们的情况，根据对他们每个人来说最"意义不凡"的那件事，来决定出席的优先级。当然有时我也会因为错过孩子们的一些成长瞬间而感到懊恼，尤其是当某个孩子想要跟妈妈谈心，而我却不在的时候。

但我心里清楚，总体而言，我们在实践一个很不错的机制。完美是无法企及的，越是事事力求完美，我们就会越发感到不胜其任。对我们而言，最重要的是孩子们都幸福快乐，积极向上——至少他们中的大多数在多数时候都是这样。我的一些男性同事平时周一到周五根本不见自己的孩子——这在我们家是不可能的，我和孩子们都会受不了。

不过毕竟我们的选择并不寻常，所以常常会有人就此向我提问，包括问我怎么能做到"一切尽在掌握"，或是问我是否会感到愧疚——要是刚好在内疚的时候被问到这样的问题，那我心里可真的不是滋味。2016 年 12 月，我在 BBC 广播四台的《今日》栏目担任特邀嘉宾时，曾采访了五位有权有势的男性，包括畅销书作家迈克尔·刘易斯（Michael Lewis）和巴克莱银行的主席约翰·麦克法兰（John Mcfarlane）。我问他们如何平衡工作和家庭生活，这些男士的回答都是：从来没人问过他们这个问题。有意思的是，也没有人回答说，这要归功于自己出色的另一半。我猜他们不这么说是怕显得政治不正确，但我却完全可以把一切成就归功于理查德这个贤内助，他的先进意识也会受到大家的称赞。

我现在才意识到，当年我和理查德的那次对话，以及我们共同决定的持家之道，即便在今天看来依然不同寻常。如何倾注爱和时间来抚养孩子成长，如何赚钱养家，如何发展事业，如何为社区社群做出贡献，能不能腾出时间来照顾长辈亲戚，和亲友共享欢乐时光……这些都是每个家庭的私事。无论家庭中每个成员扮演着什么样的角色，创造幸福生活的关键都在于大家要共同努力，尽可能做到最好。罗娜·费尔海德（Rona Fairhead）在担任英国《金融时报》的首席执行官时，曾被要求给所有女生提一条建议。她说："要嫁得好。"随后她解释道，这并不是说要嫁个有钱人，而是要找到一个能理解你的人，一个真正的人生伙伴。

现实情况是，大家不会总是有得选。我也非常清楚，不是每个人都能找到真正的人生伙伴。雪莉·桑德伯格（Sheryl Sandberg）就曾不幸地经历过丧夫之痛，丈夫突然离世时，她才 47 岁，桑德伯格就此成了一名单亲妈妈。在那之后，桑德伯格曾深有感触地表示，她意识到自己在畅销书《向前一步》（*Lean In*）中所写的"让你的另一半成为你真正的人生搭档"那一章，其实并不总能适用。在经历丧夫之痛的过程中，桑德伯格也意识到当生活处于逆境时，你很难"向前一步"；用她自己的话来说，"谈什么向前一步，我简直无法重新站起来"。

年轻女性有时会认为，有了理查德的支持，拿着相对较高的薪水，跟刚开始工作的人相比时间上也更自由，因此生活中的一切对我来说一定都易如反掌。我一直强调虽然我也很清楚这些优势，但它们也不是时刻都存在的。人生总要经历起伏和挣扎，不仅是我，大多数人也都是这样。即便是成功者，也难免经历过失败。当我和理查德在经济上陷入低谷时，我母亲提醒我，事情不是一成不变的。她的这句话激励我去专注寻找解决方案，而不是被焦虑拖垮。那次的经历也再一次让我意识到，我们不能太依赖别人，而是要尽可能地把握命运的主控权。我们之后会再详细讨论这个话题，在此，我想要强调的是，我们需要意识到每个人的人生都是不同的，但总有一些事，做好了就能充分利用时机，不然就可能减少我们的机会。无论你有没有伴侣，你都需要一些强大的盟友、亲朋、导师——一些你可以完全信任的人，他们会给你有用的建议。虽然最终需要由我们自己来做决定，但没有人是孤岛，也没有人拥有永不枯竭的信心或能知晓所有问题的答案。

我曾接受过一次电视直播采访，话题有关职场平等。那位主持人一直在某个问题上揪着我不放——她的观点是，作为父母的夫妻双方难道不能同时“身居要职”吗？整个采访中，她都在不停地绕回到这个问题上来，这让我百思不得其解。但当我做完采访，准备走出摄影棚时，制片人告诉我，那位采访我的女士很快就要结婚了，而她和她的未婚夫都有所顾虑。因为一旦他们组建了家庭，其中一方就有可能要减少对自己事业的专注程度。两个人都认为这可能会对事业发展带来阻碍，甚至是为事业敲响丧钟。而这位女士尤为担忧，因为她认为要在事业上做出牺牲的很可能是她，而不是她丈夫。不过，展望未来，我相信将有更多人，不只是女性，可以采取更灵活的工作方式，可以按需调整事业在生活中的浓度——也就不必为了一定要二选一而焦虑不安了。随着人们预期寿命的延长，我们工作的年数也会变得更长，为了顺应就业机会的改变，我们或许不得不转换跑道，一生中可能会从事两到三种职业。但即便有人中途想先休息几年，或是暂时调整一下节奏，也不应该对其人生大局造成什么影响。哪怕在间隔了几年之后，人们依然可以重返职场，并找到一个有价值的岗位。像这样的“回归”操作日后或许会变得越来越普遍，并成为就业模式大变革的一部分。

在所有关于女性及其社会角色转变的讨论中，大家似乎都甚少关心这对男性来说意味着什么。理查德一直坚持认为，一切为了帮助女性发挥其职业潜力而付出的努力，理论上来说最终也会让男性获得更多选择。性别平等是双向的，我们还必须重新定义成功对每个人的意义。直到现在，人们对于如何才算是一名成功男士依然存在不少刻板的期许。在理查德逐渐转为全职父亲的过程中，每当被问起“你是做什么工作的？”时，他总会感到郁闷。因为如果他如实回答，别人就会不知道接下来该说些什么，场面往往会陷入尴尬。所以他尝试过以各种方式来定义他的角色，比如用他的兴趣爱好：画画、冥想……但这让他听上去像个修行之人。要让大众像看待全职母亲一样正常地看待一名全职父亲，又或是要让一位男性像我夸耀理查德一样赞美自己的妻子是一位出色的全职母亲，我们恐怕还有很长的一段路要走。

我相信，那些对我的职业生涯产生过重大影响的因素——自我认知、英才管理制度、支持我的伴侣——对当下满怀雄心壮志的年轻男女也都具有借鉴性。但我的故事不应该成为一种模板。相比二三十年前，甚至十年前，现在大家有了更多的选择，也有了更多手段可以改变自己的出路。与我年龄相仿，或是上下相差十岁的女性，如今在职场上出任要职的可谓凤毛麟角，根本不成风气。我们是被容许进入由男性统治的商界或政界最上层的特例。我把我们这群人看作“过渡中”的一代，受益于许多前辈女性所取得的成就，但依然需要挤破了头来适应现状。对于现在的年轻人来说，就业前景的不确定性对男性和女性都有影响。但这些年轻人更有机会从一开始就将自己的多元性带到职场中，为面对新挑战开辟新思路、寻找新方法，而不是墨守成规。

第二章

需要新的领导

——

我们无法用制造问题的思路来解决问题。

——

阿尔伯特·爱因斯坦　美国理论物理学家

*　　*　　*

虽然我在牛顿投资管理公司的职业生涯发展得顺风顺水，但加入公司仅仅 7 年就有机会成为首席执行官还是非常出乎意料的——至少是出乎我的意料。美国的梅隆银行（Mellon Bank）计划接手牛顿已经很久了，历经数年才最终完成了收购。原公司管理团队的部分成员决定离开也是情理之中的事。作为公司四大投资战略团队的成员之一，我是首席投资官的候选人之一。只要有可能，我是很想得到这份工作的。因为我喜欢为重大的战略投资做决策，喜欢在牛顿工作，跟同事们相处得也不错。但我觉得当时的职位限制了我的发展。在每个月第一个星期五公布的美国就业数据是一项推动着全球债券市场的经济数据，我当时全部的工作时间都得围着这个数据转。某个周末长假的经历让我尤为难以释怀。我和丈夫带着孩子们去看爷爷奶奶，但我全程都在关注新闻，完全无法享受与家人共处的时光。结果就业数据比预期的要好很多，我对仓位的预估完全错了，这让我感到心烦意乱，工作让我感到无助，我觉得自己一无是处。显然我的反应有些过激了，我感到前途茫茫，但当我就此与理查德进行探讨时，我清楚地意识到我需要一个崭新的、涉猎面更广的挑战。

因此，当梅隆银行驻英国的总裁邀请我出任首席投资官时，我非常开心。新职位不仅让我可以率领一支人才济济的团队，还能拓展我的边界。我的新老板告诉我，他会在收购后出任牛顿的首席执行官。第二天一早，一位同事来到我的桌前悄悄告诉我，其他几位资深投资人开会进行了讨论，不幸的是他们并不希望我成为首席投资官。这让我大吃一惊，因为我以为他们都是支持我的。于是我提出，能不能让他们当面跟我解释一下为什么他们不同意这个任命。我走进会议室的时候默默斟酌了一下自己眼下的可选项，发现或许我只有离开这一条出路，因为在我看来，我手上只有不信任票。

结果我发现，同事们认为出任首席投资官的人应该具备股票方面的经验。这显然是合理的，毕竟我们公司的大部分资产都投资在股票市场上了。后来，会谈的重心转到了我的领导技能上，在这方面我倒是深得大家肯定。还没等我反应过来，就有人建议让我转为出任首席执行官。

我松了一口气。因为我喜欢在这里工作，而现在我不用离开牛顿公司了。同时我也意识到，大家之前是不确定我的能力能否匹配某一个特定的职位，而不是针对我个人的不信任。但与此同时，刚刚发生的事还是让我有点摸不着头脑。我和大家一起离开了会议室，但又独自躲进了相邻的房间，试图整理一下思绪。我给丈夫打了通电话，对他说："我不会出任首席投资官了，而是会成为首席执行官。""这是什么意思？"他问。"我也不知道。"我如实回答道。我只知道我可以信任牛顿能为客户提供的价值，可以信任这个团队和这里的流程。我知道我有机会领导这一切，而且这是一个不可多得，甚至是千载难逢的机会。

虽然没有人确切地表达过，但我相信促使同事们推举我担任首席执行官的原因之一是我合作型的领导风格。不难想见，交接一完成我们就会面临一系列的挑战。我的首要任务就是要重建信心。遇到问题再解决问题就是我的工作，虽然我也没有解决一切问题的答案，常常也需要和同事们一起出谋划策，但我很清楚地知道我们努力想要实现的目标。

我常常会回想起那异乎寻常的一天。我才 35 岁，没有任何商业经验，也没接受过管理方面的培训，而这家公司管理着约 200 亿英镑的资产。我当时对接下来的几年会是多么具有挑战性完全没有概念——同时我也没有想到，这些年的努力最终将会换来让人如此欣慰的成果，我们齐心协力让一家公司取得了长足的进步。我现在才意识到，是我当初大胆的选择成就了我的职业生涯——面对机会我没有说不，虽然那时拒绝看似更理智。但所谓不破不立，颠覆的时刻正是我的大好机会。

我的经验——尤其是早年的那些经验，教会了我要关注远期目标，而不是专注在那些虽然对实现目标来说必经，但眼下尚无法看清的步骤上。一旦开始行动，只要我们紧盯着目标不放、不分心，那么通往终点的桥梁常常就会自动出现。我也总是跟我的六个女儿说“先做了再说”，以至于现在只要哪个姐妹踌躇不前，她们也会跟她叨叨同样的话。然而，我还是会经常看到一些女性容易瞻前顾后（也有男性，但女性更多），总是把关注点放在可能出现的问题上，却不去盯住成功的前景。我们将在第 8 章详细探讨这一点：要想抓住眼前的机会并取得成就，就必须意识到这种拖我们后腿的想法并尝试消解它。

作为一名新手首席执行官，我犯过很多错误（老实说，有经验了之后也是一样）。刚上任的一天，我接到一家小报打来的电话。我当时从未接受过要如何面对媒体的训练，公司里也还根本没有企业宣传部。电话那头的记者先是问了我一些很正统的问题，有关我对牛顿的愿景之类的。我都尝试着回答了。接着她便开始询问起我的家庭生活。聊这些我心里就比较有底了，于是我坦诚地向她提供了一些信息，并欣然与她分享了在兼顾家庭和事业方面的一些想法。第二天一早，当我走进办公室时，所有人都默不作声。我问大家出了什么事，接着就有一份报纸递到我手上。报纸的第三版上有一则题为《亿万宝贝》的报道，在这篇添油加醋的文章里，我被描写成了一个“穿职业装的花瓶”。理查德一针见血地指出文中的那些描述根本不准确，但这篇文章却出自我亲自接受的采访，我感到自己草率了。这也让我感到难堪，后来回想起文章最后引用了我说的那句“五个孩子还挺多的”，还是会让我觉得意难平。因此，自那之后，我有好几年都没再跟媒体讲过话。时隔多年再次同意接受采访是因为我想要引起人们对女性职场问题的关注。

现在回过头看，我的大局观告诉我，报纸上的无聊文章不值一提。但在那个当下，就会感觉那是天大的事，它的重要性被放大了。我执掌帅印最初的那段时间经历了一段非常曲折的学习过程，还要面对很多自我质疑的时刻，但正因为我不得不加快脚步学习，我才能成为一个更成熟、更有智慧、更速成也更出色的首席执行官。

令我感到欣慰的是，我在掌帅初期还是做过一些明智的判断的。其一就是我没有理会内心质疑的声音，而打造了一个全新的牛顿，并在核心优势之外发展新的策略。我们永远无法取悦所有人，不用试——我在工作和生活中都体会到了这个真理。在生意上，关键是你要能向别人提供一些有价值的东西；在生活中，你要知道对你来说重要的是什么，有了这个框架我们才能面对无数需要抉择的时刻。对于牛顿当时所处的节点而言，最重要的是专注在我们最擅长的事情上，确保客户满意我们的服务，并有信心继续与我们合作。然而，我们不是一成不变的，我们所处的市场在发生着变化，所以我们有意识地改进了投资服务，而不是拘泥于过去的做法。借用作家、分析师和前操盘手纳西姆·尼古拉斯·塔勒布（Nassim Nicholas Taleb）的说法，我们选择了“反脆弱”（antifragile），我们在变化中寻找机会。与此同时，我还要滋养公司文化，因为自创业以来它就是牛顿的核心。公司有那么多有才华的同事，我虽然被委以重任，但其实只是其中普通的一员，并不比任何人优越。

在公司处于不同的情况时需要不同的领导风格，我的做法未必能在任何时候对任何一家公司都适用，但对当时的牛顿来说确实有效。当时公司里出现了一种错位，而一种合作的方式可以为公司最关键的资产——我们的员工——赋能，让他们为公司未来的愿景做出贡献。

这些都是发生在很久以前的事，如今社会上普遍期望能在政界和商界看到“不一样”的领导风格。曾盛行多年的指令式管控是指由一小部分精英对其他人发号施令，但在当今的互联网时代，这种方式却越来越显得脱节和无效。人们对官方赋予的领导角色给予的遵从大不如前了，所以领导者需要去主动“获得”权威。领导者这一角色不再是坐在金字塔顶端发号施令，而是要让自己立足在影响力的中心。我们稍后会回过头来看，这个情况是否也适用于那些看似例外的政治领导人。至少我在刚当上牛顿的首席执行官时对此感受颇深。前一秒我还是众多基金经理中的普通一员，下一秒就被任命为大家的老板了。但这并不代表我有什么立场能去“指导”我的同事们工作，恰恰相反，我的责任是通过影响他们来领导公司。我首先要听取他们的想法，然后结合他们的观点制定出一个计划——如果我的决策与大家的一些想法背道而驰，我就要对此做出解释，这样才能让大家感觉我们是在一条船上的。选择这样的做法，一方面是鉴于我接受任命时的情况，另一方面也是由投资管理公司的性质所决定的，因为有才华的投资者往往认为自己是在为自己打工。首席执行官更像是管弦乐队的指挥，而不是歌剧团中的首席女高音。像这样的领导模式正在越来越多的行业中得到实践，在政治领域也是一样。

在许多人看来，2016 年发生的那些让人震惊的事件——包括英国脱欧和特朗普在美国竞选中当选——都阻碍了社会的多元化进程。当然，当时没有人要求投票者说明“为什么”要这么投，大家都可以给出自己的诠释。在我看来，虽然具体原因可能各不相同，但英国和美国都有很多人投票反对建制派这一事实才是关键。大家对结果的震惊反映出权力正在以对民主和平等有利的方式发生着变化。人们不再会听从那些不与民众建立连接的领导者。

2016 年 6 月，英国脱欧公投当晚，我刚从丹佛出完差，正在飞回英国的路上。飞机刚着陆，大家便打开手机查看公投结果。一位美国女士拍了拍我的肩膀说，“结果是留在欧盟，对吧？”“并不是，脱欧派赢了。”我回答道。她露出一副困惑的表情，看上去真的很震惊，她惊呼道：“但我们可是连总统都派来了呀！”她没有意识到或许就是这个举动起了反作用：美国人“派来了总统”，英国政府给各家各户分发了支持“留欧”的传单，于是民众就决定跟政府对着干。在美国总统选举中，希拉里 · 克林顿虽然是第一位女性竞选者，但对民众来说，她的参选并不足以让人看到改变，因为她本身就被看作是现有体制的一部分，她的当选就意味着维持现状。唐纳德 · 特朗普的言论确实会让许多人皱眉蹙额，但他在竞选期间触及了那些没能实现“美国梦”的选民。这些人没赶上经济和收入增长，他们觉得没有人倾听他们的声音，没人关心他们——而特朗普与这些人建立了连接。

回望历史，我们曾多次见证过人们对改变的渴望，而科技使之比任何时候都有机会成为现实。现在，大家几乎拥有公平的机会来获取大量的即时信息。只要有网络，不需要任何权力机构的正式授权，任何有想法的人都可以通过社交媒体来影响其他人。同时，无论多大或多小的事，都能被网友挖出来，领导者的本性暴露无遗。但这不一定是坏事，只要领导者能在言行上保持一致；否则他们的权威就会遭到破坏，甚至可能带来灾难性的后果。我们在各个领域都会不断看到因为言行不一致而导致高层垮台的例子，就算是决策圈层也不例外。

这是一次深刻的变革。维持了数个世纪的父权制权力结构正在迅速地被更为分散、共享、民主的影响力所取代。现在当领导需要有不同的技能，正如我们将要看到的，这些技能往往有利于女性的工作及行为方式。

但并不是所有人都已经意识到了这一点。虽然人们逐渐认识到所谓“掌权”的概念如今已经发生了变化，但对其在广义上的影响力仍只有模糊的认识。无论在宏观上还是在细节上，很多事的做法还是跟以前一样。常常有猎头公司来问我，如何才能让董事会成员更“多元化”，但他们最终拿给我看的名单却还是让人失望的“老样子”。公司高层还在玩着击鼓传花的老一套——这是不对的。

这种权力的转移并不是平民主义的短暂崛起。除非我们能把科技进步这个精灵塞回瓶中，不然这个趋势就是不可逆转的。这也意味着领导者、公司和决策者们要适应这种全新的思维方式和技能组合，才能在未来不脱节，进而取得成功，并拥有真正的影响力。我们兴高采烈地谈论着商业中的“颠覆”案例——几十年来建立的收入来源可能在几个月甚至几周内被初创企业攫取——但似乎很少有人意识到，这也延伸到了权力结构的层面。

这种权力转移的深远影响可以与互联网对许多传统企业造成的广泛且往往迅雷不及掩耳的影响相提并论。零售业就是一个很典型的例子。即便是最传统、最有“传承”的零售商也不得不面对线上消费新模式所带来的巨大挑战。有一些企业已经被颠覆了，另一些在拥抱变化，还有一些则在吃力地追赶，试图跟上已经发生的变化。在英国一大批历史悠久的高街品牌已经进入了破产管理；其他人则在努力重新定义自己的业务。走在英国的任何一条历史悠久的商业街上，通常都会看到一排咖啡店、餐馆、发廊、美甲店、牙科诊所和一些专营店，这反映出大家的消费习惯在过去短短几年中发生了巨大的变化。

在 2006 年，九家零售商主导了整个美国市场；在这些公司的总市值中，亚马逊只占 4%。到了 2016 年，亚马逊的市值所占的份额达到了 55%，这家公司拥有 7.5 亿移动用户，比所有竞争对手加起来的四倍还要多。用约翰 · 科茨耶（John Koetsier）的话来说，它“打赢了零售业”，重塑了我们购买和接收商品的方式。亚马逊与客户建立起了个人化的联系——而且做到了自动化——可以通过追踪客户的购买及搜索历史来理解他们的需求，进而为之提供优质的服务，这就是亚马逊能取得惊人成就的原因。对现在零售企业及众多其他行业来说，数字战略并不是什么锦上添花的东西，而是重中之重，是当务之急。

但具有讽刺意味的是，要制定并不断发展正确的数字战略，企业需要有正确的思路——这就意味着公司需要一个“最佳组合”的智囊团。因此，问题不是要在数字和人才之间做取舍，而是要实现数字和人才的结合。

企业也因此需要认真对待人才优化问题。虽然这个问题处理得好与不好，其影响不会马上显现，但任何企业如果在发展整体人才智慧上拖自己后腿的话，都很可能会输给那些更睿智的竞争对手，也会离客户越来越远。精明的公司已经在着手建立合适的生态系统了，以便使多元化的人才能共创一个智能的工作环境，并与客户建立更有效的互动。

这会给平权带来令人振奋的机遇。但如果我们看不到今天这些打破现状的变化是为我们向性别平等和其他各种平权实现飞跃的重要时机，那我们就很可能会错失良机。沿着过去的道路继续走或许更容易，但这不会让我们到达我们想去的地方。你同不同意脱欧、支不支持特朗普都不是重点：这些投票结果体现了民众迫切需要新的思维方式和领导力。即便你厌恶这些结果，也不要袖手旁观（因为这肯定不会对未来发展产生任何影响），不如让我们将这种对改变的渴望利用起来。

无论是我当上牛顿首席执行官的经历，还是我对解决英国企业董事会中女性比例不足问题的参与，这些经验虽然有局限性，但都告诉我：巨变可以创造出难得的机会，我们需要去把握它。为了抓住当下的机会，女性需要把握自己拥有的女性力量。这绝对是有效的。当我尝试在董事会中做出改变时，我根本不在真正核心的权力圈层之内，但通过富有同理心和建设性的方式，我也取得了成效。我建立联系，而不是与人交火。你可以称之为“女性力量”，但这不是人们从前印象中的那样了。不是要套上男性权威的外衣，而是要重新定义它，要去改变这种将女性排除在外的权力结构，而不是去模仿它。

我们要展现女性力量的优势，就趁现在。

第三章

30% 俱乐部：女性力量的优势

——

当你开始建立起同理心和想象力，整个世界都会向你敞开。

——

苏珊 · 萨兰登　美国演员

*　*　*

鉴于我是以一种非传统的、戏剧性的方式成为牛顿的新首席执行官，我上任之后便专注于做出成绩，以证明自己能胜任这个职位。想要在投资表现和财务业绩上都取得出色的成绩，我需要一支得力的团队。牛顿的座右铭是：好点子不会只出自一个人。因此，我和同事们都会有意识地在团队中鼓励思维和观点上的多元性。就像在足球场上一样，最好的投资团队不一定是由一群最优秀的人组成的，团队成员之间的互动起着至关重要的作用。

尽管牛顿有很强的英才管理制度，但身居要职的女性依然不多；在基金管理行业的其他公司也一样。我想通过做一些事来有针对性地解决这个问题。无论是在牛顿还是在其他公司，总有年轻的女性向我寻求建议，通常都是关于如何兼顾事业和家庭的，我也很乐意逐一与她们交谈。但我似乎应该跨出一步，尝试帮助更多的人。我远在波士顿的老板罗恩·奥汉利（Ron O'Hanley）给了我鼓励，在他的支持下，我于2005年在本司欧洲区发起了一项针对女性的倡议。

与当时大部分企业的性别多元化倡议一样，其实践以社交活动为中心，形式通常是邀请一位备受瞩目的女性来做演讲。大家的反馈也总是"非常鼓舞人心"，但实际上似乎并没有人因为受到"鼓舞"而采取“行动”以做出改变。在接下来的几年里，公司高层中的女性比例并没有什么变化，也没有客观证据表明这个情况在短期会有所改变。

2009 年，备受打击的我正想要放弃这个倡议，刚巧当时高盛（Goldman Sachs）邀请我去他们的企业多元周做一次类似的演讲。此后，高盛还组织了一次对谈，嘉宾是 15 位来自不同企业的男男女女，每个人都就如何鼓励女性人才分享了自己的做法。当我听到大家的分享时，我意识到自己并非孤身一人：不论多难，不管尝试了多久，大家都还在艰难地挣扎着。投入很多，成效却少得可怜。显然，我们应该是哪里没做对。

工党成员玛丽·古迪男爵夫人（Baroness Mary Goudie）也是对谈的参与者之一。我俩达成的一致意见是，我们想要“做些什么”来打破这个僵局——需要彻底重新思考解题思路。

指出问题总比拿出办法要简单。我们没有理由认为让更多女性出任要职这个目标是根本无法实现的。因为明明有许多雄心勃勃的女性，也有许多公司渴望看到这些女性能大展拳脚。在我摸索方法的时候，我广泛阅读了相关材料，想看看有没有哪家公司在这方面取得过更好的成果。我还拓展研读了组织行为学，以及关于男女工作方式差异的理论。随着思考的深入，我发现大家似乎都太急于去试着激励那些来自少数群体的人才，却没有去真正理解这些员工的想法，也没有想过他们平时在工作中的体验是否与我们所做的努力相符。

我看到过不少有趣又实用的想法。比如德国电信（Deutsche Telekom）规定，任何层级上都必须有至少 30% 是女性。我喜欢这种明确的数字目标，这让我意识到我们大多数人错就错在没有设定一个清晰的目标。我们必须要能衡量自己的进展，或是能意识到进展的不足，然后就要像面对其他业务目标一样，时刻关注女性实现了多少进步。我所读到的有关群体行为的文献中指出，30% 是一个临界点，到达这个点就意味着你能触及大多数人。我的个人感受也与此吻合。回想自己的经验，如果我是房间里唯一的女性，我会感到很不自在，在这种情况下，我说话做事都会非常谨慎。就算我在议程上有好几件事都和群组中的其他人持不同观点，我也只会挑选其中的一到两项来说。但如果在场的十个人里有三位女性，我的状态就会完全不同，可以更有信心地畅所欲言。

德国电信宣传这项创举的方式也很吸引人。时任首席执行官的勒内·奥伯曼（René Obermann）说："让更多女性出现在管理职位上并不是为了推行被误读的平等主义，让更多女性出任高层只会让我们运作得更好。"这则宣言的惊艳之处不仅在于其内容清楚地表明了公司的这一举动不是为了政治正确，而是出于商业考量，而且这些话从一位男性口中说出就会更显得有意义了。

我意识到，如果女性只跟女性探讨女性话题，那就根本不可能有什么长远的发展。我们可以相互鼓励，减少孤独感，但我们也需要那些处于领导地位的人（主要是男性）来帮助我们取得实质性的成果，为我们打开那些本来半掩着的门。我们不需要为此感到难为情：长期以来，男性在职场向上攀登时，都会向职位更高的前辈借力，获得他们的声援和支持；有想法可以先讲给前辈听，前辈也为后辈提供参考，甚至会为他们铺好升职的路。

虽然有了这样的意识，但我们对于如何能将这些想法变成一份可实行的计划还没有清晰的思路。于是玛丽和我几乎邀请了所有我们认识的资深商业女性共进午餐，借此机会征求她们的建议。有超过

40 人来到了现场。我起身致辞，倡议大家寻找一种新的出路来打破僵局，让更多女性在业界发挥她们的潜力。在场的一些人事后明确表示，她们不想参与一个只以女性为对象的倡议，她们对男性同事会如何看待此事抱有顾虑。但后来，尤其是在男性也加入了我们的队伍之后，我欣慰地看到这些女性都再无顾虑地全身心地投入其中。当然有些人还是会表示怀疑，认为我们不可能找到更好的出路，因为这么多年了，情况的进展总是令人失望，而他们也还是在用过去推断未来的样子。

但就在我们进行这些讨论的时候，一个新的机遇出现了。我们需要的是一个愿景，而不是一张表格。全球金融危机带来了巨大的灾难性错位，这为我们提供了探索新机遇的可能性。当分析师、监管机构和政策制定者在仔细研究金融崩溃后的残局时，他们才发现由保守的、腰缠万贯的中年男子来垄断银行董事会和管理团队并不是什么好事，这种配置存在明显的先天缺陷。或许这些总裁各自都很优秀，但如果他们是一块布上裁出来的料子，受过相同的教育、生活在类似的圈子里，那他们极有可能只会相互附和，而不是针锋相对地进行辩论。

“团体迷思”绝不是什么新的概念。美国人威廉·怀特（William Whyte）在 1952 年就提出了这个词，用来指代一群同质化的人：他们不仅彼此认同，更具破坏性的是他们认为只有自己才是“正确的、好的”，进而排斥不同的声音。像这样的现象并不少见，在 2008 年的金融危机之前，就有很多灾难被部分归因于团体迷思，包括 1986 年 1 月的挑战者号航天飞机灾难。当时航天飞机在升空后两分钟之内就发生了解体，导致七名宇航员丧生。对事故原因的分析表明，工程师们事先就曾提出在异常寒冷的条件下进行发射会有风险，但美国宇航局的管理者头脑发热，一心只想着发射，没有理会这些担忧。10年前，心理学家欧文·贾尼斯（Irving Janis）通过研究美国在外交决策上失败的历史，归纳出了团体迷思的八项表征，其中就包括觉得自己的团队无懈可击，听不进外界的警告，认定意见相左的人就是愚蠢的、带有偏见的，以及给团队成员施压，使他们服从或保持沉默。

可悲的是，人们似乎很难从错误中吸取教训。在金融危机中，人们面对的课题虽然变了，但团体迷思的特征却没有缺席。到了2010年年初，人们才逐渐意识到2008年被前基金经理迈纳斯勋爵（Lord Myners）描述成“退休老干部活动室”的董事会需要一次大洗牌。于是董事会的门打开了，不同“类型”的人开始有机会成为董事，而人们最先看到的就是董事会中女性稀缺的问题。

2008年，英国百强上市公司中，女性董事的比例不到12%。其中四分之一的公司董事会全部由男性组成。苏格兰皇家银行（Royal Bank of Scotland）在收购了荷兰银行（ABN AMRO）之后，18位董事中只有一位女性；而这次不幸的收购加速了该银行的垮台。这些董事会成员有着非常相似的背景——说实话，看着那17位男性董事的合照，简直就像在玩“找不同”的游戏。你或许很难相信，在紧随其后的250家英国最大的上市公司（富时250强公司，FTSE-250）中，董事会里更是一边倒的男性。2008年，半数以上的英国富时250强公司里一位女性董事也没有；整体女性董事的平均比例仅为7%。且不谈这样的董事会容易出现团体迷思的概率，93%为男性显然也无法反映社会层面的男女比例，又或是几乎任何一家客户公司里的男女比例。

这是一个巨大的、正在酝酿的、全新的机会，所以哪怕外界的反馈不冷不热，我还是坚持要做一些不一样的事。我为40人中响应特别积极的 14 位女性组织了一次小型的午餐会。午餐会定在星期一，我却在前一个星期五感到不安，担心这次的讨论也会无疾而终。于是我给与会者发了一条邮件，提出了“30% 俱乐部”的想法。在星期一的午餐会上，我们达成了一个简洁的、涉及面不广，却又雄心万丈的目标：在接下来的 5 年里，我们要通过自愿的、以企业为主导的变革，让英国公司董事会中的女性比例达到 30%。30% 俱乐部的成员必须是董事会主席，因为只有董事会里说了算，他们才有权力做出改变。

但这些主席几乎都是男性。当时在富时 100 强企业里，只有“土地证券”（Land Securities）的董事会主席是女性——艾莉森 · 卡瓦思女爵士（Dame Alison Carnwath）。艾莉森女爵是我们 30% 俱乐部的忠实支持者，但我们还需要更多支持者。因此，就在午餐会那天下午，我们找到了两位备受尊敬和推崇的富时 100 强企业的董事会主席：时任森特里克（Centrica）董事长的罗杰 · 卡尔爵士（Sir Roger Carr），还有时任劳埃德银行（Lloyds Bank）董事长的温 · 比肖夫爵士（Sir Win Bischoff）。我们想拿 30% 俱乐部的想法在他们身上试试水——他们会支持由董事会主席来主导这项倡议，让董事会中的女性比例达到 30% 吗？他们俩都立刻给出了肯定的答案。用他们自己的话说，董事会里有了女性，大家的互动会变得更好，决策过程也会更好，但现有的女性实在太少了。

罗杰爵士和温爵士的布道改变了大家对这件事的看法。一开始有许多反对者和怀疑者，但这些行业领头者、男性领袖的背书唤起了其他人对这件事的注意。也许，我只是说也许，董事会中女性比例不足不只关乎平等的问题？一种新的互动机制正在形成，激励更多商业领袖加入进来。这个崭新的思路也显示出了新闻价值：当我们在那年晚些时候携作为创始支持者的七位董事长正式启动“30% 俱乐部”计划时，《金融时报》不仅刊登了封面故事，还对罗杰爵士和温爵士进行了专题采访。这一切所传递出的信息非常明确：商界高层中女性稀缺的问题不再只是一个女性议题，而是关系到每个人的问题。男性和女性将共同努力来解决这个问题。

但布道并不一定能带来结果。另一家报纸当时写道，30% 俱乐部的雄心壮志非常可取，但“对于如何实现这一目标还非常模糊”。我很快意识到这种模糊实际上是不可避免，也不可或缺的。没有以往的成功经验可以参考，我们只能从无到有地画出一张通往终点的地图。我们非常欢迎任何新鲜的想法，我们不但会听取，实践之后还会根据取得的进步或遭遇的挫折来进行调整。很多时候这个过程就像是在大雾里开车，我们只能看到眼前几英尺的范围，后面的路线并不清晰。但只要我们不断向前，取得进展，从可行的和不可行的结果中吸取经验，我们就可以到达终点。与无尽的理论推导相比，我更愿意用先导试验快速地验证想法。因为无论如何，我们都只有通过实践才能取得进展。

30% 俱乐部的做法就是：理想可以远大，但要从立刻迈出一小步开始。

害怕出错

哈佛商学院的艾瑞斯 · 博内特（Iris Bohnet）教授也是广受好评的著作《行之有效：靠布局实现性别平等》（*What Works: Gender Equality by Design*）的作者。2016 年，她撰写了一份有关英国董事会中女性人数迅速增长的案例研究，在那之前，美国还没有过类似的研究。艾瑞斯邀请我到美国和她一起为首批学生讲解这个案例。我没上过哈佛的MBA课程，更别提教课了，不过那一次的经历非常有收获。博内特教授将80名学生分成五组，每组都要扮演案例中相关的一方：包括政府、工党成员默文·戴维斯勋爵（Lord Mervyn Davies）组建的跨党派工作组、30%俱乐部、猎头组织，以及投资者。学生们的第一个任务就是要列出他们所预见的一些困难。然后我会根据真实情况向他们说明这些预设的问题是否出现过，以及我们是如何克服这些困难的。这是一个有趣的练习。学生们提出了至少53个潜在问题，这其中的许多问题确实出现过。而我也在发言中指出，在没有行动之前听到这些问题真是万幸，否则，彼时我们可能会觉得自己在做一项不可能完成的任务。

要找一些理由不去做某件事很容易，因为做事时难免会遇到问题。在问题出现之前总是很难想象我们可以如何驾驭问题；但当遇到问题之后，我发现其实我们总能面对它，并找出解决的办法。重要的是不要因为看不清前路或意外的变数就惊慌失措，而是要把这些也看作是旅途的一部分。这一点在我们的职业生涯和个人生活中都适用。记住这一点可以帮助我们成就更多，可以避免因为害怕看不清下一步或担心不知如何应对之后的事，而在每一步都踌躇不前。

事实证明，尽管过程中有摇摆和挫折，但30%俱乐部出击时还是抓住了人们当下的情绪。金融危机引发了人们对变革的真挚渴望，30%俱乐部启动几个月后，戴维斯勋爵完成了针对英国公司董事会女性稀缺这一现状的跨党派公开审评。他提出了十项建议，其中，相较强制性配额，他更支持像30%俱乐部这样的自主行动。戴维斯勋爵当时告诉我，他不建议立法有很多原因：一是可能他女儿就“再也不跟他讲话了”；二是因为 30% 俱乐部支持者的董事长们做出了承诺——只要有机会，他们一定会通过自主行动取得成果。

在接下去的 5 年时间里，戴维斯指导委员会和 30% 俱乐部一起打出了强有力的组合拳，让利好的公共政策与私营企业的行动相结合。2015 年年底是我们共同设定的一个时间点，截至那时，富时 100 强公司的女性董事成员比例刚好落在戴维斯爵士所期望的 25% 和我们设定的 30% 的目标之间。超过 26% 的富时 100 强企业董事会席位由女性出任，而且再也没有哪家富时 100 强公司的董事会里只有男性了。紧随其后的富时 250 强企业在初始情况更差的条件下，可以说取得了更大的进步：女性董事的比例达到了 20%，全员男性的董事会成员减少到了 15 个。

这不是一次历史的演进，而是一次重大的飞跃。

看到数字的跃升着实叫人激动，而更令人欣喜的是人们思想上的变化——人们开始从一个全新的角度来看待这个问题。而成功是一系列连锁反应，这使我们的终极目标越来越容易被大家接受，成为大家共同期待的结果。

富时 100 强公司中女性董事的百分比

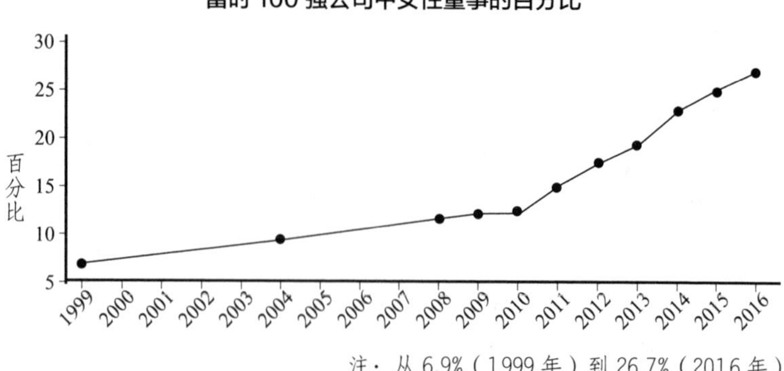

注：从 6.9%（1999 年）到 26.7%（2016 年）

2011 年 11 月，我为 30% 俱乐部的网站采访了菲利普 · 汉普顿爵士（Sir Philip Hampton）。接受访问时，汉普顿爵士是苏格兰皇家银行（RBS）的主席，他是在该银行被政府拯救之后出任主席一职的。他当时的重要工作之一就是组建新的董事会。如此庞大的集团将此重任全权委托给某个人是很少见的。菲利普爵士与我分享了他对董事会发展的新思路。他认为，从前 18 个人的董事会规模太大了，而且存在同质化的问题。菲利普爵士想要创建一个 12 人的董事会，其中至少要有三名女性，这些成员还得有一些与 RBS 相关的国际经验。他对我说，他希望这群人中既有资深的董事，也有新鲜血液。他想要董事会成员有多元化的特质和背景——如果 12 个人以前都是公司的首席执行官，那董事会的气氛不会活跃到哪里去。

采访期间，菲利普爵士说，有些事我听了或许会大受鼓舞。富时 100 强各家公司的主席每年都会聚在一起，共进一次午餐。去年的午餐会举行时，30% 俱乐部刚成立不久。席间话题落到了这件事上，大家简短地就是否应该支持这个倡议讨论了几句。据菲利普爵士说，大家很快就得出了结论："这事儿跟我们关系不大。"就在菲利普爵士和我见面的一周之前，今年的午餐会如期举行。这一次，大家对这个话题进行了深入的讨论。支不支持这个倡议已经不需要讨论了，取而代之的是与会者相互打听对方是如何采取行动来实现目标的。这一年间的改变是多么巨大呀！

不过带来巨变的不只是时代思潮和来自各界的声音。30% 俱乐部的策略与从前任何人尝试过的任何方法都不同——从某些层面来说，这是我们有意为之的，但同时也有运气使然的成分。

在这次倡议的成功和失败中，我学到了如何实现变革。我相信这是一个可复制的公式，可以帮助我们实现性别平等议题中更大的目标。

在七项成功因素中我已经提到了五点：

- 要抓住错位带来的机遇；
- 要注重业务层面，而不是一味追求表面的公平；
- 要制定可衡量的、有时限的目标，创造出紧迫感；
- 要让有能力推进改变的男性参与进来；
- 要对新点子持开放态度。

第六点是所谓“先搭起架势，再练真本事”的做法。30%俱乐部哪怕只迈出了一步，我们也会表现出已经走了两步的架势。我们会大谈进展，宣扬动人的故事，表现出自信的样子。其实这也不是很容易做到的。但我可以看到，大家都很希望成为变革中的一分子，而且这种成功有一种循环性。我们取得的进展越多，我们就越有希望继续取得更多进展。

有意思的是，我的请求越大胆，就越有可能得到肯定的答复。其中一次特别有挑战性的活动是由毕马威（KPMG）慷慨主办的华盛顿特区早餐会，活动还特地与2014年国际货币基金组织（IMF）的会议安排在了同一时间。彼时30%俱乐部的美国分部刚刚成立，其创始支持者彼得·格劳尔（Peter Grauer）是一位全情投入、精力充沛的公司主席，他当时正在美国西海岸与硅谷的创业家们畅谈我们的倡议。而我们在得知国际货币基金会将在华盛顿开展活动之后，认为这是提升30%俱乐部全球形象的好机会。在得知英格兰银行的行长（四个女孩的父亲）马克·卡尼（Mark Carney）也会出席国际货币基金组织的会议后，我请求罗杰爵士邀请卡尼行长来我们的早餐会上发表讲话——罗杰爵士是英国银行董事会的非执行董事，他们之间的关系十分紧密。

我们得到的答复很积极，但并不明确。行长办公室向我们解释说，他们不能再给行长增添新的行程了；但卡尼先生表示只要到时有空，他是非常乐意出席的。这让我陷入了困境。一方面，我希望号召全球的银行大佬来参加早餐会，如果卡尼行长能来发表讲话，就会吸引更多人来。当全家人在放暑假的时候，我腾出了一周的时间在酒店的泳池边手写了许多邀请函（不少信纸都飞进了泳池里），邀请各个企业的首席执行官和政策制定者来参与活动。我在信中也表示，卡尼行长“有望”在早餐会上发言。与此同时，我也和行长办公室保持着联系，随时更新“有望”出席活动的人员名单，因为这肯定也会大大增加行长露面的可能性。澳新银行的布兰达 · 特伦诺登（Brenda Trenowden）当时不辞辛劳地收集大家的回复，日后她还将接过 30% 俱乐部的大旗。最后，卡尼行长确认他会出席活动并发表演讲。虽然整个计划充满了不确定性，甚至不乏虚张声势，但最终还是出人意料地取得了成功。活动当天，现场坐满了具备影响力的男男女女，行长坦诚且慷慨激昂地讲述了英格兰银行 300 年的传统，以及多元化在创造当代企业文化中的重要性。坐在主桌上的银行首席执行官也轮流拿起话筒，针对如何在全球加速倡议的进程贡献了自己的思路和点子。大家都认为，不入虎穴，焉得虎子。

30% 俱乐部最后一个成功因素就是用“有女人味”的方式去解决商业问题。

“女人味”这个词把人区分开来。有些人从根本上反对这个概念，否认女性身上有共通的特质。诚然，同一个性别的不同个体之间肯定存在着许多差异，甚至不亚于跨性别差异。但在我看来，这并不妨碍我们用“女人味”或“男人味”来形容一些在女性或男性身上更常见的特质。当然，这并不意味着这些词就对每一个女性或男性都适用。

我还意识到大家有一种焦虑，害怕使用这个词会固化性别不平等。事实上，我认为实际情况可能恰恰相反。如果我们能更好地理解彼此大体上的差异，我们就可以制定出更具“性别智能”的策略，鼓励男性和女性共同发展，而不是强迫每个人都掉入一个有明显偏向性的系统中。如果我们真的想要取得进步，那我们就必须意识到我们可以“既不同，又平等”。

这是一个有争议的话题，我们将在下一章更全面地探讨它。现在，暂且让我们用“有女人味”这个或许不够准确的描述来概括 30% 俱乐部做事的方法。我们并不是想要去揣测我们想要加入的群体具有何种特质——也不是想要简单地用几个女性去替换掉几个男性。我们的目标是要让思想、方法和行为更加多元化——过去是，现在依然是。30% 俱乐部的做法是要彰显而不是淡化差异，尤其是那些女性身上的特质：具备同理心、具备社交敏感性、善于协作和处事温和。

鼓励自主行动，而不是通过立法或强制指标来让更多女性走进董事会，这就是我们这种有女人味的做法的有力体现。如果要强制别人做一些事，那就与我们的初衷背道而驰了。指标这个东西在很大程度上就是命令和控制，是一种容易引起对抗，而非能唤起同理心的方式。但似乎鲜有人理解这一点，他们关注的是如何最快取得结果，而不是结果的重要性。30% 俱乐部的雄心壮志是要让男性和女性携手来营造一个男女平衡的、更理想的董事会，进而优化整个企业的文化，也让更多女性有机会进入董事会。我们不仅要确保进入董事会的是优秀的人才，还要拓宽“优秀”的定义，不让优秀的概念同质化。

有女人味的做法还有另一个特征，那就是开源——我们不仅和戴维斯委员会合作，还和其他许多已经在这个领域做了大量工作的团体和个人合作。这其中不存在竞争的概念，30% 俱乐部不是一个营利机构，我们只是一群想要在提升业界多元性方面取得成果的商业领袖。我们指导委员会的成员也曾牵头过一些其他有影响力的活动，其中就包括“专业董事论坛”。这个论坛让董事长们能有机会认识一些才华“未被发现的”、有潜力成为非执行董事的女性。论坛期间，主办方会虚构一些董事会里常见的问题，由参与者来设法解决；这些参与者最终成功进入董事会的转化率是非常惊人的——至今已有 45 位历届参与者被任命为非执行董事。所以说，我们的目的不是要推翻重来，而是要将分散的力量凝聚起来，并填补当中的空白。

通过这种联合的方式，我们触动了连锁反应，并逐渐扩大了我们的影响范围。重要的是，这其中也包括媒体，他们坚定地、始终如一地支持着这场运动，扩大了我们的声量。希瑟 · 麦格雷戈（Heather McGregor）（现在已经是麦格雷戈教授了，还是爱丁堡商学院的院长）是我们 30% 俱乐部指导委员会的成员之一，当时还在《金融时报》担任专栏作者，她为宣扬我们的故事起到了持续的推动作用。参与 30% 俱乐部的每个人都慷慨地投入了时间和专业知识。许多深入的研究项目都是在“无偿”的基础上进行的，许多宣传活动也是一样。这都要归功于指导委员会另一位中坚分子盖伊 · 柯林斯（Gay Collins）的运筹帷幄。在没有任何资金转手的情况下，大家完全是凭着决心和奉献精神取得了这么多成功，着实叫人觉得不可思议。

一开始，我们并没有特别意识到这一点，我们只是想把那些有能力、有权力改变事情的人吸引到我们身边，并让他们相信目标的可取性。当然，如果他们能将这个想法内化，那就更好了。我在自己身上发现了一种新的说服力，这种说服力被强大的盟友强化了。几年后，温·比肖夫爵士在纽约的一次晚宴上谈到了我的策略："我们还没意识到海伦娜在做什么，她已经在让我们为她干活了。"他说完笑了起来。好些董事长后来都成了我的好朋友，能以如此积极和谐的方式不断取得进步实在是件乐事。董事长们会贡献许多具体的想法——温爵士有一次在 30% 俱乐部的活动上一时兴起，发表了一个"新目标"演讲，说要让公司里女性高管的比例达到 30%。台下的听众一脸茫然，他却继而朝着坐在第一排的我发问，该给这个目标定个什么样的时间线才好呢？罗杰爵士则向董事长们谏言，希望他们明确地告诉猎头公司，在为公司挑选董事会候选人时要突破原有的条框，尤其要注意那些头衔不那么高的有力竞争者，可以至少再深入探低一个层级来挖掘更多人才。时任玛莎百货（Marks and Spencer）董事长的罗伯特·斯旺内尔（Robert Swannell）则时不时会给我们"施压"，表示他更希望加入"50% 俱乐部"。

我很快就意识到，一旦内部人员能积极鼓动外部人士加入我们的行列，我们就能取得更多成就。我坚信，如果我们想看到真正的进步，那么支持变革的男性拥护者是至关重要的。首先，如果由男性来说希望有更多女性加入他们，就要比我说"我们理应得到更多机会"来得更有说服力。这个表述如果是出自一位女性之口，可能就会让人觉得是出于私心，也可能被质疑有失公允，从而削弱了话语的效力；但如果这话出自男性之口，大家就更容易关注到它在效益层面的启示——至少现在来说是这样。

位高权重的男性可以成为性别平等的有力捍卫者——这种观点其实并不新鲜。1848 年，美国反奴隶制度运动领袖弗雷德里克 · 道格拉斯（Frederick Douglass）就曾在伊丽莎白 · 卡迪 · 斯坦顿（Elizabeth Cady Stanton）因《情感宣言》（*Declaration of Sentiments*）受到指责时，为她做过慷慨激昂的辩护，《情感宣言》是斯坦顿仿照美国独立宣言撰写的一份妇女权利声明。而在 1866 年的英国，著名经济学家、哲学家、当时的国会议员约翰 · 斯图尔特 · 密尔（John Stuart Mill）曾向下议院提交过一份支持女性选举权的请愿书。第二年，他为《1867 年改革法案》增加了一项修订案，旨在让更多工人拥有投票权：密尔去除了文字中的性别属性，用“人”（person）一词替代了原本法案中的“男人”（man）。虽然他的这项修订案最终以 194 票对 73 票被否决，但还是对妇女参政权运动起到了推动作用，密尔后来也持续、大力倡导妇女应当享有平等的权利。密尔的例子或许并不具有典型性，但 50 年后，同样参与英国妇女参政权运动的艾米琳 · 潘克斯特（Emmeline Pankhurst）也在她著名的“自由或死亡”演讲中呼吁男性捍卫女性的投票权。她说，一个女人打破了警卫俱乐部的窗户，一些警卫跑了出来，质问道：“你为什么要打破我们的玻璃？我们什么也没干呀！”女人回答：“正是因为你们什么也没做，所以我才要打破你们的窗户！”

1926 年，塞尔维亚裔的美国发明家、工程师和远见家尼古拉 · 特斯拉（Nikola Tesla）接受了一次采访，其内容在之后以《当女人成为老板》（*When Woman is Boss*）为标题被公开发表。特斯拉预见到无线技术将会带来的巨大影响，以及“女性将获得有待奋进的新领域”。

他断言："女性不可能通过肤浅地模仿男性的行动来获取平权并彰显自身优势，这需要她们女性智慧的觉醒。"

而且关键在于，男性不仅可以是女性进步最有力的倡导者，更可以展示善待女性的正确方法。本·贝利·史密斯（Ben Bailey Smith）——或许大家更熟悉他的艺名"布朗医生"（Doc Brown）——就是倡导并践行男性要尊重女性的一位领军人物。2013 年，他在某个学校发表演讲时，对台下的男同学指出："老一辈的男性不知为何创造出了这样一个世界，认为女性就是低男性一等，"他接着补充道，"但我们有能力改变这一点——你们有能力改变这一点。我站出来说这些话，是因为现在有人能听进去我讲的这些话了。"我和本是在接受《女性时光》栏目采访时相识的。据他说，那时他刚开始倡议更多人善待女性，尤其希望影响那些年轻的黑人男性，但这一举动在他的一部分追随者中引发了强烈的反对，他们认为这不酷。本有两个女儿，他姐姐是著名的小说家扎迪·史密斯（Zadie Smith），他坚信只有懦弱的男性才会去欺凌弱者，真正的强者会用他们的力量让事情向好的方向发展，这也包括反对物化女性。

回望女性主义运动的历史，男性的参与可谓时起时伏。有时只有一小部分开明的男性在积极地想要纠正他们眼中错误的事，有时男性又把女性权益看作是"应该由女性同胞们自己去争取的事"。在我小时候，"第二波女性主义运动"正进行得如火如荼[①]，媒体将参与女性运动的人描绘成反男性的、好战的——一个女人要么是女性主义者，

---

① 女性参政权运动被视为"第一波"，虽然在那之前也有其他女性权益的倡导者。

要么是女性化十足的人，两者不可兼得。

但要是你听过当时女性的发言，你就会知道事实并非如此。1971年3月22日，美国学者和女性主义者凯特·米利特（Kate Millett）在英国广播电台第四频道接受了苏·麦克格雷戈（Sue MacGregor）的采访——那天刚好是我五岁的生日。不过你别猜了，我并未在生日那天听到那次采访。米利特在采访中表示："如果可以摆脱这种压迫性的、父权制的社会制度，那么无论是女性还是男性，甚至还有小孩，都可以过上更自由的生活。"这位演讲者将她的志向总结为："你不要指望在当下这个蛋糕里分到自己应得的一份，你要去创造一份新的食谱。"

不过在20世纪70年代，几乎没人能接受这种思维方式，这句话的意义也被人曲解了。在同一次采访中，米利特表示，当时女性运动的许多主张都被歪曲了，被塑造成是具有破坏性的——因为当时的机制感受到了"严重的威胁"。她强调，与当时的报道正相反，女性运动不是要"破坏"任何东西，而是要试图建立起新的、更多可供选择的生活方式，并赋予女性基本的人权。女性运动的目标不是要让女性取代男性，成为"盛气凌人"的一方，她们想要改变的正是这个制度。具体来说，她们希望减少与男性气质相关的暴力。

时至今日，这一切真的有望实现了。我随处都能见到有男性在鼓励女性，并乐于见到女性取得进步，而不是因此感觉受到威胁——尽管还不是每一个男性都能这样去做。至少已经有人意识到我们的世界在发生改变，意识到"旧"的制度需要被改变，尤其是有更多身为父亲的男性受到了他们才华横溢的女儿的激励。2015年，牛津剑桥女子赛艇对抗赛与男子比赛同日举行——这是186年以来的第一次。牛顿赞助了那场比赛，鉴于男子比赛的标志性地位，我当时不太确定大家会如何看待牛顿赞助女子比赛这件事。我作为牛顿当时的首席执行官出席了赛事。当我和丈夫走在泰晤士河边的小径上，当我们全家在终点线旁观看比赛时，许多人都热情地和我们打招呼，其中也不乏男性，这让我感觉棒极了。事后，我们收到了压倒性的正面反馈，大家纷纷表示女性的出现使赛艇对抗赛更有"时代感"了。大家的反应让我们看到了时代的进步。

如今，男性支持性别平等是其自信和能力的体现，我们应该张开双臂欢迎这样的男性加入，和他们共同创造一个权利共享的世界。我们应该发挥女性善于协作的特质，来共同取得更大的进步。这正是30% 俱乐部所做的：在非常传统的英国董事会中创造变化——规模虽小，但却具有重大的意义。

要追求平等，但也要保持不同。

第四章

男人、女人、平等、不同

——

在我看来，认为妇女解放就意味着男女可以相互替代是一种谬见。这种情况不会发生，大多数男性和女性也不会希望这种情况发生。

——

克里斯蒂娜·霍夫·萨默斯　美国哲学家

* * *

作为六个女孩和三个男孩的母亲，我有时会半开玩笑地说，我们莫里西一家为我提供了足够多的样本数量，让我颇为确信两性在行为模式上存在着明显差异。当然，性别并不会影响孩子们的智力，我的九个孩子在学业表现、个性、创造力和许多其他特质方面也都各有不同。但在涉及情感和人际关系的时候，女孩的一些行为习惯确实和男孩有所不同。女孩在情感上很敏锐，她们能迅速察觉到有哪位家庭成员情绪低落或状态不佳，也愿意把她们自己的感受说出来。而男孩通常更就事论事，他们不会注意到谁不开心了，也不会主动讨论自己的情绪。当然，即便是在男孩之间，或是在女孩之间也都存在着显著的个体差异。根据个人及场合的不同，某个女孩有时也会表现得比男孩更有"男孩子气"，但这并不能抹杀两个性别存在各自不同的特质。

男孩和女孩在兴趣点和热衷的事情上往往也有所不同——同上，虽然不存在绝对性，但他们在喜好上的偏向性还是显而易见的。在孩子还小的时候，男孩和女孩都会倾向于选择符合"性别刻板印象"的玩具，家中最小孩子亦是如此——即便他们有哥哥姐姐玩过的各种玩具可供选择。理查德和我从来不会特别鼓励女孩要玩洋娃娃，或是男孩一定要玩小汽车或火车，都是他们自己选的。女孩从蹒跚学步时起就对装饰自己的卧室和挑选自己的衣服很感兴趣；却鲜见有哪个男孩对家里的装饰或自己的衣服表达意见，除非是真的不喜欢我的选择。

他们交朋友的方式也不一样。年龄比较小的几个女孩经常要求和朋友约着出去玩，热衷于发起社交邀请，而当有人在学校跟朋友发生争执时，低落的情绪往往挥之不去。如果遇到女孩过生日，我们又没法邀请全班同学一起来玩时，她们会斟酌很久，到底该请哪些人来——她们不仅会考虑谁才是“最要好的朋友”，还会讨论谁跟谁比较合得来。而男孩小的时候，如果我们安排了跟谁一起出去玩或是被邀请去参加派对，他们会很高兴；但如果没有特别安排，他们也不会太有所谓。不过如果是自己的派对，他们会很清楚地知道自己要邀请谁来——尽管他们并不像女孩那么热衷于举办庆祝活动。团队运动一直是男孩最主要的社交活动。如果他们在学校和谁发生了争执，第二天他们还是能和对方正常相处，就好像什么都没发生过一样。

男孩和女孩面对考试的态度也很不一样，这可能是学校教育和天生差异共同影响的结果。男孩在考试前往往和平时没什么两样，会参与大量的体育运动，甚至在最重要的公开考试之前也是一样；女孩则会完全专注在学习上，从考试的几个月之前就停止了所有社交活动，只会在复习计划中抽出半小时来吃饭，极力避免一切可能让她们分心的事。就在我写下这些的时候，17 岁的米莉刚刚完成了为期一周的高级程度会考（A-Level）模拟考试，并回到了家。她正抱怨说她的关节都要变僵硬了，“因为我太久都没有做任何运动了”。米莉平时是很喜欢运动的，无挡板篮球打得很好，还喜欢打网球，假期里也热衷户外运动。而比她年长一岁的哥哥（后来这两个孩子拿到了同一所大学的录取通知书）当年在模考前，却和一群小伙伴一起去斯里兰卡参与了一次为期 15 天的板球巡回赛，回来后照样参与了考试，也拿到了满意的成绩。

虽然结果可能差不多，但两人备考的过程却大不相同。我必须承认，我小时候也是抓紧每一分钟备考的——就跟我女儿一样；我姐姐最近还说起小时候，说我备考时连圣诞节当天也不松懈，回想起来我并不为此感到骄傲。我总是在推着自己去实现下一个目标，但彼时的我并没有想过这一切最终将把我带向何处，也没想过要去尝试获取更多不一样的经验。我后来意识到，这是一种典型的勤勉的女孩的做法：专注于临近眼前的那一个截止日期、下一个需要考取的证书、下一个要去获取的小红花，或是下一次升级考试。但问题是，要在事业上取得成功并不像通过一场考试那么简单。这条路上没有大考的日期，没有一板一眼的评分机制，也没有证书。有的只是你需要去驾驭的各种人际关系、需要去承担的风险，以及需要面对不可避免的失败——我们需要让年轻的女性为此做好准备。

学习应对失败对女孩来说是尤为艰难，却又必须掌握的一项技能。我们要认识到失败是无法避免的——不是说失败了没关系，而是要接受它是生活中的一部分。温斯顿 · 丘吉尔说得对："成功并不是终点，失败也未必致命，重要的是要有继续前进的勇气。"

从我的经验来看，女孩通常比男孩更害怕失败。和我家的几个男孩相比，年龄较长的几个女孩总会表现出更多的自我质疑，对此我也很无奈。她们的谈话中充斥着"我不太擅长"或"我认为我做不到"，而当我和丈夫试图帮助她们选择考试科目或课程时，她们会先从排除薄弱科目开始，而不是先列出自己的优势。她们不懂得去赏识自己的才华，这让理查德和我既感到恼火，又觉得伤心。但她们却能注意到别人身上有这个问题：我们的女儿克拉拉（Clara）曾在16岁时写过一份申请，她想要成为学级会长。她观察到学校里年纪比较小的女孩都“不太自信，这阻碍了她们的发展。她希望能帮助她们克服这一点，因为有太多女孩因为害怕失败而错失了机会。”这真是非常有见地，且一针见血。克拉拉是一个非常棒的孩子，学习成绩很好，在艺术兴趣方面也屡获殊荣。但当我问她是否有信心凭自己的实力获得成功时，她的回答却是：“我不确定，无论我决心要去做什么，我都担心会有许多人会比我做得更好。”作为父母，我很难不感到吃惊！

依我之见，这个问题在学校教育中非但没有得到矫正，还被固化了。在某一次家长会上，一位班主任试图鼓励我的另一个女儿芙洛（Flo）继续升学并报考大学。芙洛很有音乐天赋，而且从很小的时候就非常坚决地表示她不想去读大学。我向班主任说明，芙洛已经申请了一所表演艺术院校，她热衷于音乐创作，将来也希望在音乐上有所成就。老师听后露出了震惊的表情：“万一走音乐这条路不成功怎么办呀！”“那万一成功了呢……”我回答道。在男孩的成长经历中，我就从未听到过类似这样叫人打退堂鼓的话，尤其是当他们在某方面天赋显著的情况下。

强调这些让人前怕狼后怕虎的因素，在女孩身上产生的负面影响要大过男孩。一位退休的教师朋友曾经与我分享过他第一次辅导一个全员女生的高级程度会考复读班时的情形。开班八周后，这些女孩的学习依然鲜有进步，这一情况让他警醒。他反思了自己的教学方法，意识到对大多数男生有效的“罚多过赏”的方法或许并不适用于女生。于是他改变了方法，开始称赞她们，建立她们的信心。女生们学习表现上的积极转变也让他大为震惊。

在职场上，我们有更多关于男女行为差异的证据——尽管这些证据主要来自职场上的一些轶事传闻。人们普遍都认同男女在某些情况下的行为方式会有所不同。需要再次申明的是，这种判断并不具有评判性质——并不是说男性或女性哪一方的行为方式更好，只是一般而言，两者存在着明显的差异。女性往往表现得一丝不苟，注重分析，善于团队合作，在表达自己的抱负时较为低调暧昧，不太会自夸，也不会像男性那样带有战略性地思考自己的事业之路。女性似乎也更容易忧虑，更习惯内省，会不断质疑自己做过的事情，翻来覆去地探讨同一个问题。女性不善于接受负面反馈这一点往往也会一览无遗地表现出来。

许多人都能凭直觉识别出男性和女性的特质。朋友和同事之间争论的焦点往往不是关于差异是否存在，而是为什么会存在这种差异：是先天的生理差别？还是受了社会准则的影响？如果男女所面对的期望值和境遇都是一样的，那我们表现出来的行为会没有差异吗？

根据我自己的经历，尤其是以我作为母亲的经验来看，我认为社会性和生物性的因素都会对性别差异起到决定性的影响。因此，即便身处完全一样的环境，性别差异也还是会存在。在我看来，这一点不容忽视。我相信，只有承认并赏识这种与生俱来的，或者说存在于生物学上的差异，我们才有希望摆脱多年来无法实现的职场性别平等的窘境。我不是神经科学家——什么科学家也不是——但当我试图理解为何即便不断努力，平等依旧遥不可及时，我发现一些研究的结果与我在家庭和工作中的实际体验如出一辙。

黛布拉 · 苏（Debra W. Soh）是多伦多约克大学的一位神经科学

家。在面对工作中遇到的争议时，黛布拉直言不讳地表示：“如果你主张人脑存在生理性别上的差异，人们就会认为你是性别主义者。”她指出，“性别差异和性别平等无关。我能理解人们担心这些性别差异会被人利用，使针对女性的压迫合理化。但我们不应该扭曲科学，而是应当质疑为什么典型的女性特质会被视为低人一等、不受待见。”

西蒙·巴伦-科恩（Simon Baron-Cohen）教授是剑桥大学的一位神经科学家，多年来他一直致力于研究男性和女性大脑之间的差异。他曾故意推迟完成他的著作《本质的区别》（*The Essential Difference*），因为他觉得“这个话题在政治上过于敏感了，不适宜在上世纪 90 年代面世”。他强调，两性在智力上并不存在高低之分，但男性和女性在大脑的不同区域有着不同的相对优势。他的理论是：“女性的大脑天生具有较强的共情能力，男性的大脑在理解和构建系统方面更强。”

对于许多人来说，如果仅凭自身平日里的观察，就会觉得这个理论很合理。诚然，我们一定可以列举出几个完全没有同理心的女性，或是有极强同理心的男性，又或是极为有条理的女性。但这个理论的重点在于，泛泛而言，女性和男性都有各自“突出”的特征。

巴伦·科恩教授所提出的假设是基于他对 20 多年来实验结果的分析。在这些实验中，我最喜欢的一项是观察一百多名未被透露性别的、刚出生一天的新生儿。研究人员会向每个婴儿展示两个“对象”：一张真人的脸和一台机械移动装置——其颜色和形状都与人脸相似。以婴儿注视“对象”的时间来判断，男婴对机械物体展示出了更大的兴趣，而女婴则对人脸更感兴趣。社交兴趣上的性别差异在婴儿降生的第一天就显现了出来——任何性别上的刻板印象显然都还没机会对这些婴儿产生任何影响。

巴伦·科恩教授进一步阐述了同理心和系统性所代表的特质。他将同理心描述为能自动与另一个人的思想和感受同频——不只是对他人的情绪做出反应，而是读懂情绪的“氛围”，或者说是具有一种“情绪上的智慧”。他在书中向读者展示了一些人眼睛的照片，并请大家挑选最能描述照片中那个人想法或情绪的词语。普遍来说，女性在“以眼读心”的测试中猜得更准。

有关男女生物性差异的研究或许会在一些方面令人感到不适：我们可能会觉得这样的分析没有顾及那些对自己的出生性别存在异议的人，以及非二元性别的人。但事实上，神经科学家非常清楚地表明，无论是基于生物学指标，还是从心理学上的身份认定来看，性别都有如一道光谱，有多种多样的色彩。

对于用生物学来解释男女之间的行为差异，大家可能还抱持着谨慎的态度，但如果总有些想法被认为是“禁区”，那么我们就更难在性别平等上取得进展了。谷歌的工程师詹姆士·达莫尔（James Damore）曾撰写过一份名为《谷歌的意识形态回音室》（*Google's Ideological Echo Chamber*）的内部备忘录。这份文件泄露之后引发了世人的争议，这些争议的出现足以说明我们在性别平等问题上依然深陷泥潭。达莫尔的这份备忘录并不像大家所说的那样是“反多元性”的，它只是对公司提升多元化和包容性的做法提出了质疑。

2014 年，媒体曾掀起一阵舆论潮，批评硅谷缺乏多元性。自那时起，谷歌和其他一些科技巨头就一直在努力提高企业内女性技术人员的比例（彼时该比例为 20%），以及改善拉美裔及黑人在工程和领导岗位上的缺失问题（彼时该比例在 1% 到 3% 之间）。谷歌近些年来在这一问题上采取全透明的方式，并表示“谷歌在多元化的进程上还有许多工作要做”。他们还在网站上发布了各种与多元化有关的综合数据，这些数据横跨各个工种，以性别和种族信息罗列，统计对象不仅限于老员工，也涵盖了新员工。谷歌内部的一些多元化团体甚至还有十分花哨的名字，比如性少数群体的员工有自己的“弯弯谷歌人”（Gayglers）小组，高龄职员则可以加入“银发谷歌人”（Greyglers）小组。

但即便经过了多年的努力，花费约 2.65 亿美元的巨额开支，从数字上来看，谷歌也并未取得多少进步。达莫尔在备忘录中指出，教条主义的观点认为，是隐性和显性的偏见阻碍了女性在科技和领导力方面的发展。而正是这种观点混淆了人们的思路。达莫尔则认为生物学上的性别差异可能是真正的原因之一，男性和女性可能天生就具备不同的技能和兴趣。他还谨慎地指出，“这些差异或许很细微，而且男女在技能、兴趣等各方面也有很大的重叠，所以你不能仅凭人口统计学概率来对任何一个个体下任何结论。”

达莫尔因违反谷歌的员工行为准则而被开除，话说回来，他的备忘录中也确实存在煽情和过于简单化的论点。而硅谷的“哥们儿文化”也让我们很难区分到底是哪些因素造成了女性在技术和领导职位上的缺失。但假如我们只因为害怕冒犯到谁，就不去探讨两性在大体上可能存在的差异，那才是绝对偏离了正轨。执着于用一种狭义的观点来解释多元性的缺失才是对多元性和包容性最大的讽刺。

非正统研学院（Heterodox Academy）是一个成立于 2017 年的非营利性学术团体，致力于在大学校园中鼓励思想多元性。该团体的成员都是教授，以下是他们共同支持的一段声明：

“我相信，大学生活应该可以让持不同观点和看法的人在一个可以各抒己见、相互辩论的环境中相互交流。现在的学术界和校园里缺少多元化的见解，尤其是不同的政见，这一点令我感到担心。我将在自己的学术领域、所在的大学、院系和课堂上鼓励各种不同的观点。”

在谷歌的争议事件之后，非正统研学院的研究主任肖恩·史蒂文斯（Sean Stevens）搜集了大量有关性别差异的学术分析资料，他指出，“争议的两边都有一些顶尖的学者”在支持各自的观点。但这么好的研究课题却从未引起广泛的探讨，这才是真正令人沮丧的事。追逐达莫尔备忘录的媒体也曾在 2005 年掀起过类似的舆论热潮，就因为当时哈佛大学的校长劳伦斯·萨默斯（Lawrence Summers）提出，顶尖大学的理工科学院中女性比例的不足可能与“先天的”性别差异有关。值得注意的是，现任的哈佛校长德鲁·吉尔平·福斯特（Drew Gilpin Faust）是该校有史以来第一位女校长，在她之前的 27 位校长都是男性。萨默斯的言论所引发的争议促使一群顶尖的心理学家站出来，试图平息那场争论。这群人不仅学术履历无可挑剔，还代表了各种不同的观点。在一众观点中，其中一端是美国心理学会前主席、《认知能力上的性别差异》（*Sex Differences in Cognitive Abilities*）一书的作者黛安·哈珀恩（Daine Halpern），另一端则是珍妮特·希布利·海德（Janet Shibley Hyde），她的研究表明，性别之间的差异微乎其微，而且还在不断缩小。

这群心理学家共同撰写了长达 41 页的专著，肖恩·史蒂文斯总结道：“作者们一次又一次地认识到，我们观察到的性别差异往往具有生物学的基础，但并不完全是生物学影响下的结果。这些差异在成长中出现，并受到社交进程、风俗规范、刻板印象的影响，所以在不同文化和不同年代有着不同的体现。”这似乎是一个非常合理的评估，但此刻悬而未决的问题是，为什么这个观点没有在10年前获得足够的关注，为什么这么多人至今仍然觉得这个议题如此具有争议性呢?

追求多元性显然不是要让每个人都一模一样，而是要关注个体差异；包容性是要张开双臂欢迎这些差异，而不是埋葬它们。许多旨在提升多元性的努力之所以不成功，是因为它们都企图将女性或其他少数群体硬塞到男性模板中。我们一定要抵制那种认为女人必须要和男人一样，才能像男人一样优秀的想法。无论是富有同理心、精通历史、擅长写作，还是有条理、擅长物理或数学，都一样有价值。尽管某些技能在某一性别中更普遍，但即便是那些支持认知性别差异理论的神经科学家和心理学家，也显然没有将任何一种技能判定为“属于”某一性别。就我个人而言，我数学一直比美术学得好，所以我更适合从事金融，而不是时尚相关的工作，但这并不意味着我的工作与时尚设计师相比孰高孰低，它们只是不同的职业而已。我们的目标是，有朝一日人们可以不用遵从狭隘的模板也能体现自己的价值；各种技能可以百花齐放，各项技能之间的协同合作也能得到赏识。

我所认同的观点是，要理解我们本身的行为，就必须了解文化和生物学的因素，这包括不同的荷尔蒙会如何影响男女在面对成功或压力时的反应。在经历了金融危机之后，人们笑谈，如果是“雷曼姐妹”或许就不至于落到“雷曼兄弟”那样的境地。一位操盘手出身的神经科学家就对这个想法进行过研究。

约翰·科茨（John Coates）在20世纪90年代曾是一位金融市场的操盘手，当时，他目睹了无数人一不留神就陷入了互联网泡沫的场景。他说:“我见过有人在交易大厅里连获佳绩，狂喜如癫。我自己也有过这样的经历。一连几周甚至数月，都感觉自己就像是交易大厅里的超级英雄。每个赚到过钱的操盘手都知道这是种什么样的感觉。这会让你觉得自己是战无不胜的。”

科茨观察到，金融市场的分析师都倾向于假设所有行为都是理性的。但就科茨本身的经验来看，他认为并非如此。为了更准确地理解人们是如何对金融风险做出判断的，他决定研究一下我们的身体是如何对输赢做出反应的。科茨的研究对象是一组男性操盘手。他发现，当他们获得高于平均水平的收益时，他们体内的睾丸素水平会升高。而当睾丸素水平上升后，操盘手会倾向于去冒更大的风险。科茨将这种反馈循环称作“赢家效应”。问题是这样的循环最终易导致操盘手过度冒险——赢得收益、冒更大的风险、再次赢得收益、继续加码……直到冒险过度。

皮质醇是身体的“应激”激素。当我们应对挑战时，皮质醇对我们的生理和行为反应起着核心作用。科茨的实验表明，操盘手在“赢”的时候睾丸素水平会上升，但当他们要面对更大的不确定性——是要面对高回报带来的高风险，而不只是单纯输钱的状况时，皮质醇水平会上升更多。在 2007 年金融危机即将爆发之际，科茨警告称，他观察到的睾丸素和皮质醇水平急升的状况可能会“影响操盘手进行理性抉择的能力”。

科茨建议，想要让交易大厅不那么容易受到非理性行为的影响，金融机构应当聘请更多女性。平均而言，女性产生的睾丸素约为男性的十分之一，因此不容易出现赢家效应。科茨在自己从事操盘工作时注意到，虽然女性操盘手人数不多，但她们不像男性同事那么容易受到网络股热潮的影响。

不过问题在于，女性并不怎么稀罕在交易大厅工作，甚至整个金融系统都并不特别受女性青睐。在我所在的投资管理领域，只有 9% 的英国基金经理是女性。英杰华投资者（Aviva Investors）的一项调查显示，英国的 7000 支共同基金中只有 184 支是由女性管理的。这是一个先有鸡还是先有蛋的问题：由男性主导的、守旧的行业形象使得女性和其他少数群体的人才望而却步。因此从现状来看，“让更多的女性加入进来”并不怎么可行。我们会在第六章详细讨论打破这个恶性循环的方法。

每个人都想知道我是否认为女性比男性更适合成为基金经理，对此我并不惊讶。根据我的经验，男女在管理基金的方法上有着细微的差别——这与所有的神经科学理论相一致，或者也可能被视为对性别的刻板印象。就像我和我的几个女儿一样，我遇到的大多数女性投资者都会进行大量的分析，彻底钻研自己的想法，并在决策时考虑公司文化等各个方面的综合因素。男性往往专注于数字和管理团队的素质，尤其看重首席执行官的愿景和领导力是否足够清晰，他们也更有勇气坚信自己的决定。因此，我认为如果有一个男女比例合适，且领导有方的团队是最理想的，不过目前没有足够的样本可以让我来验证这一点。

有一则关于投资行为中两性差异的研究，其标题深得我心：《男人至死是少年：性别、过度自信和普通股投资》（*Boys will be Boys: Gender, Overconfidence, and Common Stock Investment*）。两位杰出的行为经济学家布拉德·巴伯（Brad Barber）和特伦斯·奥登（Terrance Odean）分析了三万五千多个美国家庭。他们研究了男性和女性在 6

年中的投资交易模式和投资回报成绩，发现男性的交易量比女性要多45%。这是一个非常显著的区别。交易涉及成本，这使得男性的年净回报率降低了超过 2.6 个百分点；相比之下，女性投资者的交易成本为 1.7%。如何解释如此显著的差异呢？奥登和巴伯认为原因很简单：男人“过于自信”。

自信的人更倾向于根据自己的观点来采取行动。其他研究和数据也表明，在财务问题上，男性比女性更有自信，因此交易操作也更频繁，但他们的信心超过了他们实现增值的能力。当然，从个体来看，也一定存在着既睿智又有耐心的男性投资者。

所有这些研究都证实了一个看似直观的结论：让男性和女性形成互补，更好地去权衡决策，才是更可取的做法。

如果你也认同男女在某些方面存在行为差异，那你紧接着就会很自然地意识到男性和女性所受用的激励方式也是有所不同的。如果把女性送去参与魄力提升培训，以借此改善她们的晋升前景，效果可能会适得其反。许多场景中都会出现的一些斩钉截铁的言语也可能会无意中让女性感到反感。曾经就有一所顶尖的商学院向我求助，因为那年只有一名女性申请了该校的高级管理人员课程。我只大致翻阅了一下招生简介，就找到了答案：其中使用的言语气势汹汹、十分激进，描述课程将如何让参与者“主宰一切”“横扫全球”。这样的用词不仅会让女性望而却步，同样也会劝退许多男性。

为女性的成就颁奖会使女性需要符合男性对权力的定义这一想法长期存在。2016 年，福布斯的“全球 100 位最具影响力女性”榜单表彰了全球“最睿智、最‘刚毅’的女性商业领导人、企业家、投资人、科学家、慈善家和首席执行官”。该杂志赞颂她们“令人敬畏的成就”，并称“因为要在向来由男性主导的行业和职位上取得突破，所以这些成就显得更为不易”。

我所认识的大多数有影响力的女性在听到“刚毅”这个词时都会皱眉蹙额。我们不想被形容成“刚毅”的人，或是“令人敬畏”的人，我也不认为这样的特质能让这个世界变得更好，或是让我们的企业和家庭变得更好。相反，我们更希望运用自身和他人产生连接的能力，运用我们那种能从别人的角度思考问题的能力，这些技能一样可以很有影响力。同样，如果“有派头的穿着”意味着要向男士西装看齐，而不是以我们自己的风格展现出女性的大气，那就丧失了它的本意。

我们需要拓展“有派头”的定义，要加入女性的特质，而不是笨拙地去迎合男性化的概念。

如果可以在工作中鼓励女性展现自己的本色，那她们一定可以在提高组织成效方面做出巨大的贡献。2011 年，两名美国学者安妮塔·伍利（Anita Woolley）和托马斯·马龙（Thomas Malone）对团队的集体智慧进行了研究。他们想要建立一个理论，看看团队中个体成员的特质是否会影响，甚至有助于提升集体智慧。以智商测试成绩来衡量，他们发现团队的集体智慧和成员个人的智力之间几乎没有相关性。这个结果并不令人意外，因为在体育、音乐以及基金管理领域，都有大量证据表明，表现最好的团队不一定是由最有才华的人组成的团队。

真正让两位学者吃惊的发现是，团队表现和团队中的女性比例几乎呈线性关系。实验表明，团队中的女性成员越多，团队的集体智慧就会越强；当女性成员比例达到三分之二时，集体智慧的数值达到顶峰。简而言之，以女性为主的团队在实验中“始终表现得更好”。伍利教授承认，“这一结果并不在我们的预期之中，第一次观察到这个数据时我们还不以为意，直到这一结果在不同的研究中重复出现”。

随着伍利和马龙的研究进一步深入，他们发现团队中的女性越多，团队进行集体思考的过程就能以“更多有益的方式”发生改变——团队会表现出更强的协作性，男性成员的“行为也会发生积极的改变”。

马龙教授认为：“许多研究都表明，女性在社交敏感度测试中的得分往往高于男性。社交敏感度高的成员，对于团队的表现而言是至关重要的——无论他们是男性还是女性。”

在一些针对公司财务业绩的研究中发现，董事会和高管中女性较多的公司往往业绩更好，这与伍利和马龙的理论相符，即混合性别的团队往往能取得更好的成绩。在业界也有许多实战研究——麦肯锡、波斯特、拜伦、瑞信、法国兴业银行等机构都曾展开研究，分析各家公司在不同国家、地区和全球的实战业绩。这些研究的结果都是一致的：董事会中有相当数量女性的公司所取得的业绩要优于其他。瑞信观察了全球3000家公司，发现截至2016年的10年间，董事会中有女性的公司的年平均回报率要比没有女性的公司高出3.7%。

不过老实讲，当我在为更多女性争取公司领导职位或董事会席位时，我并不倾向于依赖这些研究结论。但有趣的是，哪怕现在已经没有任何理由要求管理层全部都是男性了，人们还是常常会要求我们出示这些证据，证明有女性的情况对公司更好。

过度依赖实证数据的问题之一，显然就是针对因果关系的争论：从另一方面来说，会不会是因为那些公司本身优秀，才更善于招揽女性，也更善于为她们创造晋升的条件呢？还是因为女性真的为公司创造了优异的绩效？或许还有第三种可能性：优秀的女性更愿意加入那些优秀的公司。

我们无法证实其中的因果关系，但从实际情况来看，我也不觉得搞清楚因果关系真的有多重要，因为在大多数情况下，这三者很可能皆而有之。我之所以被牛顿吸引，就是因为它具有包容的企业文化，而正是这种文化让我得以茁壮成长；反过来，在我成为老板之后，我那种具有女性特质的管理风格或许也帮助公司取得了更好的成绩。这是一种良性的循环。

谈起女性对公司的贡献，我们也需要考虑具体的背景条件，包括女性是不是能“做自己”，是否可以提出不同的见解；还是需要在教育背景、阶级和观点上都和男性接近一致。

在沃顿商学院发表研究文章质疑董事会的性别多元化是否真能提高公司绩效之后，30% 俱乐部内部通过邮件进行了一番讨论。其中，商业心理学家瑞秋 · 肖特（Rachel Short）的总结很到位：

> 情况不能被简单地总结为“女性越多，绩效越好”，其中还有许多细枝末节的影响。如果不注重企业的“外部环境”和“内部动态”，而单靠性别多元化，并不能迅速解决问题。对于企业的利益相关者来说，性别多元化可以在公司治理、战略制定和企业社会责任方面带来好处。不是说女性比例达到 30% 就能使公司“锦上添花”，而是说女性比例“就应该达到这个关键的量级”。如果只有一两个女性在公司中作为点缀，恐怕无法产生积极的影响。

基于这些原因，我在引用这些研究的时候总是很谨慎。但谨慎归谨慎，证据依然表明，一家公司在高层中——不仅是董事会，还包括日常管理公司的职位上有更多女性，往往对公司前景有着积极正面的影响。

朱丽娅·道森（Julia Dawson）带领着瑞信团队开展了题为“性别 3000”的调查研究。虽然我和朱莉娅都在伦敦工作，但我俩第一次见面却是在千里之外的加拿大多伦多——“空中飞人”般的商务人士应该都有这样的经验吧。我俩同在一个研讨会上担任主讲嘉宾。大约有 250 名投资界的专业人士参与了这个会议，他们通过不记名电子投票的方式发表了自己的看法。主持人要求与会者针对一项陈述进行表态，即“在管理团队中女性人数较多的公司能取得更好的财务业绩”。台下有男有女，其中有 93% 的人表示“认同”或“强烈认同”，剩下的 7% 选择不置可否，没有任何一个人在这次不记名表态中表示不认同这一说法。主持人紧接着问，大家在分析公司状况时有考虑到管理团队中女性的人数吗？在座的所有这些高资历投资精英中只有四分之一的人给出了肯定的回答。

这似乎不太合理。在座的都是聪明人，对于自认为有助于提升回报的事怎么会如此不关心呢？

硬要找出一种解释的话，或许是因为大多数女性高管都不在业务部门，而是在领导人力资源或企业传讯等服务性部门。而投资者日常打交道的“管理层”大多是首席执行官、首席财务官和业务部门的负责人，因此，虽然理论上知道领导职位需要有女性，但在实践中却很容易忽视这一点。瑞信在 2016 年组织了一项调研，数据涉及 3000 家公司，其中仅有 3.9% 的公司由女性出任首席执行官，真是少得可怜。

我们在努力鼓励更多女性晋升到首席执行官的级别（详见第八章）。与此同时，当企业适应了新的权力模式，认识到发展人才的重要性，认识到有必要与更多的利益相关方建立联系时（如本地社群），女性或许就不需要去到新的职位，也能同样变得更有影响力了。企业的声誉、集体的智慧，以及人际关系正在成为成功的关键。因此，与此相关的工作也将被视作公司发展的重中之重。

目前的财报制度依然将人才看作是企业的成本，而不是资产。这是一种过时的概念，但事实证明这也很难改变，因为“人力资本”实在难以被估值。我参与过许多力求解决这一问题的项目。联合利华曾经主办过一次研讨会，当时的首席人力资源官道格·贝利（Doug Baillie）告诉我们，在主管人力资源之前，他是联合利华西欧分部的总裁。因此，金融分析师们总会追着他问一些与前一个职位相关的商业问题，这让他很恼火，因为他心里很清楚，现在这个职位才是决定公司未来前景的关键。

管理层权重排布及高管中的女性比例

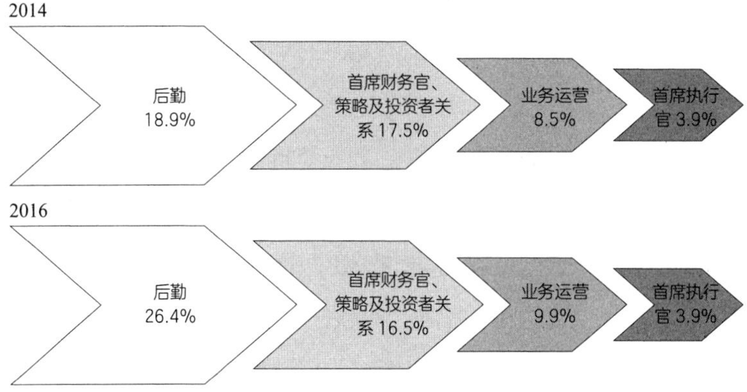

即便是像金融危机这样的醒世鸣钟，似乎也还没能让所有人意识到职场多元性是商业成功的关键所在。我亲身体验过自己的努力仅仅被视作“锦上添花”，而不是今时今日领导一个企业的必要条件之一。当我在 2017 年英国女王生日之际被授予女爵士勋章时，还有评论员感叹授勋名单中缺少“行业领袖”，轻蔑地将我描述成“九娃之母，媒体宠儿”，还在谈到我“为了促进多元性”时，用了反讽的双引号，仿佛这在正经的商业语境中根本不值一提。

这种观点反映了我们以往的思维惯式，却对我们的未来没有任何指导意义。无论是女性运动、种族平等运动，还是“性少数”+社群最近在反对歧视方面的抗争，这些斗争长久以来都是为了争取公平，争取相互之间的尊重，也尊重彼此的差异。公平和相互尊重是至关重要的，但不足以激励企业进行自我重塑，要不然我们应该早就已经解决这个问题了。为了取得成果，我们需要有意识地将政治正确相关的讲法转变成商业语言。我们需要重塑多元性的定义。

迄今为止，即使是最积极参与推进职场多元性的首席执行官也会对进展速度感到失望。在实践中，大家往往倾向于在建立已久的运作流程外围添加一些特别的举措。这种小打小闹的改造注定是要令人失望的，我们需要彻头彻尾的大修。当下的工作方式很大程度上都是在过去建立的，那时科技还不发达，这些工作方式适合世界上的一小部分人，他们的职责非常分明，职业发展是线性的。出于一系列原因——不仅仅是为了鼓励多元化的人才——我们现在需要重新设计这些工作方式，以便让大家工作起来能更高效、更智能、更高产。

如果我们一直走在老路上，只是进行一些不痛不痒，甚至偏离目标的调整，结果只会持续令我们感到失望，而且失望的原因将不只是难以在多元性上取得进步。企业其他方面的转型还将遭遇困境，企业内多元化人才也将无法发挥其潜力。如果我们要融入的环境并不适合我们，那么融入只会带来沮丧——这不是因为我们是恃才傲物的女强人，而是因为我们的工作模式原本就不是那样的。

在英国，新颁布的、受到大家欢迎的信息透明化法律要求那些员工数量超过 250 人的公司披露其不同性别员工的薪资差距，这让人们看清了两性之间的薪资鸿沟。这些公司中也包括由公家出资的英国广播公司（BBC），那些出色的女主持人和他们的男性同事之间也存在着巨大的、一边倒的薪资差异，这不可避免地引发了一场唇枪舌战。菲利普·汉普顿爵士一直都是性别平等的忠实拥护者，但他当时也受到了严厉的批评，因为他认为“是女性默许了这一切的发生”。他的原话是：“男人们会排着队来到我的办公室，抱怨自己的工资太低了，但从来没有哪位女性这样做过。”作为一名老板，我也有类似的体会，但不那么明显—— 一些女性也会要求加薪，但要求加薪的男性更多，且要求加薪的幅度往往也更高。菲利普爵士的言论倒是揭示了男女在认知上存在的差异。开口要求升职加薪这种事往往会让女性觉得不自在，要求女性表现得像男性一样肯定也不是办法。相反，我们应该致力于创建这样的企业：无论以什么样的方式，最好的人才都能得到认可和高度重视。

如果我们拒绝调整思路，那我们只会继续陷入巨大而分裂的“团体迷思”。2008 年金融危机带来的冲击让更多人（包括那些处在领导职位上的人）意识到多元化观点的可取性。然而，从 2016 年的种种政坛惊闻中可以看出，这些观念尚未转化到实践中。

第五章

“会思考的伙伴，而不是回音室”

——

通情达理的人让自己适应世界，不讲道理的人坚持要让世界适应自己。

因此，一切的进步都要靠那些不讲道理的人。

——

萧伯纳　爱尔兰剧作家

* * *

2016 年 11 月 9 日上午，当全世界都在尝试消化唐纳德 · 特朗普赢得美国总统大选这一消息时，一群商界领袖、政府官员和记者正齐聚在伦敦毕马威位于金丝雀码头的办公室里参加一个研讨会。研讨会是在几周前就安排好的，其预定议程是想让大家就英国公司内部女性高管依旧稀缺的问题分享一些建议，然而美国总统大选这件事喧宾夺主盖过了原定议程。菲利普 · 汉普顿爵士和海伦 · 亚历山大女爵士（Dame Helen Alexander）当时正在提出帮助企业改善领导团队性别比例的想法。①

研讨会当天，两百多位与会者的注意力很自然地被特朗普获胜的突发新闻吸引了。现场气氛陷入了尴尬——我们正在探讨如何提高女性地位，而美国大选结果却可能预示着时代的倒退。不仅因为希拉里 · 克林顿也未能打破美国社会最顶层的那块透明的天花板，而且打败她的人还曾在竞选期间因出言侮辱女性的录音被曝光而一度选情受挫。

大家普遍都对选举结果表示震惊。富士 250 强企业威尔工程公

① 汉普顿爵士后来成了制药业巨头葛兰素史克（GlaxoSmithKline）的董事长；亚历山大女爵士现在已经不幸离世了。

司（Weir Group）的董事长查尔斯·贝里（Charles Berry）是第一个在小组发言中提出企业要培养女性人才以提高公司业绩的。他在开场白中直言不讳地承认："为什么英国脱欧、特朗普当选会让我感到震惊呢？因为影响我思考的来源还不够多元化。"

他能如此坦言，叫人颇感欣慰，但同时也不禁让人有些许沮丧——就连长期致力于拓展董事会成员多样性的查尔斯，一开始也没能理解时局需要足够多元化的思路。但这绝不仅仅是他一个人的问题。早在一个月前，我就对一位资深的美国商人朋友讲，特朗普会在大选中胜出，他却说我根本不了解美国政治，说我的判断肯定是错误的。

为什么大家还是会大为震撼呢？我们已经在公司治理方面取得了进展——包括但不限于董事会中性别多元化的提升，但为什么这些进步也没能促使我们拓宽思路，认真思考存在不同结果的可能性呢？在 2010 年到 2015 年期间，有 550 位女性被任命为富士 350 强企业的董事会成员。在政界，我们也能看到可喜的进步：2015 年英国大选，在 650 名下议院议员中女性占了 191 席。看上去政界和商界一样，性别多元化的发展势头正劲。但迄今为止，一共也就只有 450 名女性当选过议员，还不及单独一届下议院中的男性议员人数（459 人）。不过这个数字还在增加，2017 年的大选又创下了新纪录，有 208 名女议员当选，占到了总人数的 32%。我们想要让更多女性从政的动机，其实和想让更多女性加入董事会的理由差不多：让议会中的性别组成更能反映社会上实际的男女比例，同时也能汲取更广泛的观点，当然也是为了更与时俱进。

然而，尽管我们已经有意识地做出了这么多努力，2016 年发生在大西洋两岸的重大政治变局依然如此让人震惊。这一事实表明，社会顶层并没有真正发生改变。传统观念依然盛行——直到被证明是错误的。团体迷思也依旧存在，依然活跃。

我逐渐意识到，团体迷思是极难被打破的。20 世纪 70 年代，社会心理学家亨利·塔杰费尔（Henri Tajfel）和约翰·特纳（John Turner）探索了“社会身份”的概念，那是从我们所依附的群体中得来的与我们的个人身份和自尊相关的要素。理性地说，我们不会想要伤害自己，所以我们不会通过指出可能出现的错误来贬低自己所在的群体。因此，我们会以群体为单位犯错，然后才去亡羊补牢。因此，银行董事会和董事们现在受到的审查要比金融危机之前多得多。但事实是，许多基本的组织实践跟以前几乎没什么两样，许多正在发生的丑闻也揭示了这一点。简而言之，我们并没有从实质上推翻什么。董事会圆桌上或许是多了几张不一样的面孔，但在权力的最顶端还是同一个小团体。还有就是大多数加入董事会的女性都是白人，是来自富裕阶层并受过良好教育的中年女性（是的，我也不例外），与被我们取代的那些男性相比，只是性别不一样了而已——针对近来改善性别平等问题的努力，常常有这样的批评也很合理。想要真正改变现状，突破浅层的粉饰，我们还有很多事情要做。

如果大多数人投票支持脱欧，英国不仅可以渡过难关，更有机会取得长远的繁荣发展——我在脱欧公投前就意识到了这一点，也曾公开表达过自己的观点。我无意挑衅，但我真的很担心金融部门、大企业领袖和主流政治家可能会犯下另一个团体迷思的错误。公投无疑是一个机会，让我们反思世界正在如何改变，英国在这个不断变化的世界中又处于什么样的地位？想要在未来取得成功需要哪些要素？如何才能让成功的果实得到更平等的分配？传统观念认为，留在欧盟是稳健的选择，但以我的亲身经验来看，情况或许并非如此。我目睹过欧盟在众多问题上远程实施指令式管控，包括在金融市场的政策制定上，以及在企业董事会的性别均衡议题上——讽刺的是，性别均衡这一议题尤其受到了压制，欧盟司法专员维维安 · 雷丁（Viviane Reding）完全不愿意讨论立法的替代方案。这与当下所需的做法是背道而驰的。在我看来，在能近距离接触资源、个人和社群的层级上做出的决策才是最好的。因为只有在那个位置上，才更有可能理解问题的本质，离得越远偏差越大。

自金融危机以来，人们一直在关注团体迷思可能带来的危害，现在看来还有探讨的空间。我相信凡事都要经过透彻的辩论才能更接近真相。但事实上，支持脱欧的人——不仅仅是我，还有其他商界领袖，都要面对许多压力，导致我们都不敢多说一句——这正是欧文 · 贾尼斯归纳过的团体迷思的典型症状之一。在一些知名学府中，支持脱欧的言论所受到的屏蔽和抵制让人尤为忐忑。还有许多其他迹象也令人不安：我在伦敦金融城参与了一些会议，发现与会者普遍都轻蔑地认为投票的民众“不懂”经济。也没有人试图搞清楚为什么留欧派提出的担忧并没有引起共鸣，或是反思一下是不是用错了方法——不止是没有用正确的手段来说服别人，对经济预测也存在偏差。相反，留欧派的反应却是继续重复同样的讯息，而且声量越来越大。

这段亲身经历让我痛苦地认识到，人们对思想多元化的接受还只是停留在理论层面，实践中还远不是那回事。我知道自己的观点激起了许多人的不满甚至愤怒，这些人中不乏我的朋友。这让所有人感到惴惴不安。我不想和任何人吵架，但令我感到失望的是大家并没能看到事物之间的关联，所有关于多元性的努力并没有真正得到转化，大家还不能做到欢迎不同的意见——甚至连宽容以待都还做不到；提出质疑更是不被允许的。事实上，自金融危机以来，许多企业经营者、政策制定者似乎离彼此更加疏远了，他们并没有更紧密地联系起来，而是还在各自所处的金字塔顶端各干各的。

相比之下，作家兼女商人玛格丽特·赫弗南（Margaret Heffernan）在2012年发表了一篇发人深省的TED演讲——“敢于反对”。她建议，为了更好地思考，我们需要“会思考的伙伴，而不是回音室”。在谷歌的《意识形态回音室》备忘录事件之后，这个词似乎也变得耳熟能详了。

这当然会打破平静，让事情变得不那么惬意，但如果这意味着我们将更接近正确答案，那就值得我们付出代价。在牛顿，我们有一句座右铭——“没有人能垄断好点子。”这听上去很有包容性，但这也得建立在决策过程中有人提出异议的基础上。以我担任首席执行官时的经验来看，如果辩论激烈到火花四溅，那就意味着事情进展顺利。如果每个人都在附议彼此的看法，那我就该担心了。这似乎有悖常理，但我们的议题和问题越复杂，我们的思维就必须更经得起推敲、更全面。唯一的出路就是引入更多实实在在的质疑。将试炼的权力交到大家手里，让大家提出新想法。

在玛格丽特·赫弗南的演讲中，她讲述了一个有关爱丽丝·斯图尔特博士（Dr Alice Stewart）的动人故事。1955年，作为牛津医学院的研究人员，斯图尔特博士观察到儿童白血病发病率正迅速上升。她的教子也死于这种疾病，这一悲剧坚定了她想要找出致病原因的决心。大多数儿童疾病都常发生于低收入家庭，这些家庭获得优质医疗服务的机会较少。白血病的情况却恰恰相反。斯图尔特博士怀疑病因可能与孩子的产前病史有关。于是她采访了已故孩子的母亲。后来，在这个名为“牛津儿童癌症调查”的研究中，爱丽丝·斯图尔特和她的团队走访了英国全部 203 个公共卫生单位，获取了从 1953 年到 1955 年间每个死于白血病的孩子的详细信息。调查中还有一份问卷被分发到这些母亲手里，同时还有两个对照组：一组中这些母亲的孩子死于其他癌症，另一组中这些母亲的孩子健在且身体健康。

斯图尔特博士留意到一个明显的规律。10 岁之前死于任何一种癌症的儿童在子宫内接受 X 光检查的频率是健康儿童的两倍。虽然频次完全在官方建议的安全范围之内，但仅仅一次 X 光检查，却足以使儿童早期患癌风险增加一倍。这一研究的过程听上去已经很严谨了，但研究结果却颇具争议。于是，斯图尔特博士要求她的统计员乔治·尼尔（George Kneale）想办法来推翻这些研究发现。她严谨地给了别人质疑的权利。但尼尔无法推翻原先的推论，斯图尔特博士终于能够确信自己的结论是正确的。爱丽丝·斯图尔特在 1956 年发表了她的研究成果，却还是招来了充满敌意的反响。当时核技术正发展得如日中天，这项技术的成功也牵扯到多方的既得利益。这些阻力坚定了爱丽丝·斯图尔特的决心，她最终花了 25 年时间才说服美国和英国的医疗机构停止对孕妇进行常规 X 光检查。既得利益集团阻碍了知识分子讲真话。

我在一家名为“夏娃的呼声”（Eve Appeal）的慈善机构担任过几年主席，这是一个小而强大的慈善机构，专为针对妇科癌症的创新研究提供资金。这些癌症通常在晚期才被发现，所以病人的死亡率远高于其他癌症。大约有 40% 的确诊女性最终都会死于她们所得的疾病。多年来这一数据都未曾有过什么改善，对此，医学上的突破也只能证明这些病是多么令人难以捉摸。因此，“夏娃的呼声”所资助的都是一些“外卡选手”。这些研究的实操部分与一般的传统研究同样严格——会有对照组，对患者的研究会持续多年，并有专人审查研究方法。但这些研究的出发点是允许大胆的实验，有意识地挑战保守的经验。在我撰写本书的时候，与该机构合作的医疗团队刚刚宣布了一项激动人心的突破：针对四种女性癌症的“早期预警系统”终于面世了。我相信当正统观念受到挑战时，医学、科学、教育、哲学、艺术，商业才能取得最大的进步。

但我常常看到这一过程遭到抵制，总会有人拒绝接受。许多人真心不喜欢改变，尤其是当他们认为改变会破坏原本对他们有利的情况时。我曾经讲过，我们 30% 俱乐部的创始支持者都是极为开明且摆脱了偏见的，但那也只是七个人。当时我遇到更多的是反对的声音，他们认为我越界了，甚至有一位董事长对我说，我这是在“摧毁英国商界”——他可真是太抬举一名女子的能力了。几年后，温·比肖夫爵士给我写过一封既温情又充满想法的书信，回顾了我们在一起取得的突破。她写道：“以我个人的观察，我知道你的努力和倡议不容易实现，耗费精力，甚至常常感到沮丧。”

尽管抗争非常耗费精力，却可以给过时的观念带来致命一击。在短短几年时间里，我们发现人们看待董事会多元化的态度发生了转变，因此董事会中的女性也顺理成章地被视为新标准的一部分。

2017 年，我收获了一个意外的奖项——由《金融时报》和钢铁集团安赛乐米塔尔（ArcelorMittal）联合设立的“商业魄力奖”，那一年的年度人物奖颁给了我。《金融时报》的一名记者就“魄力”这个话题采访了我。那位记者说，殊荣背后的成功事迹大家都很熟悉了，能不能谈谈曾经拿出魄力，却遭遇失败的经历。我这才意识到，无论是商业上，还是在养育九个孩子的生活中，我拿出魄力迈出的每一步几乎没有不遭遇失败的，或者至少在某个时间点上我经历了一些挣扎。成功和失败是紧密交织在一起的——在创造变革的过程中更是如此。尽管对众人普遍接受的事物提出挑战会让一些人感到不适，但如果没有人跨出这一步，我们就永远无法取得突破。

此时，你们就该登场了。为了抓住眼前的机会，更早地实现全面的民主和平权，我们每个人都可以发挥作用——包括公司的首席执行官、中层经理人，还有新一代的男孩女孩，乃至他们的家长和老师。这不是要二选一 ——女性需要“向前一步”或是商界需要“调整系统”——而是需要两者相辅相成。我们需要创造一个生态系统，一个互动的、蓬勃的社群。

俗话说，养大一个孩子需要全村人齐心协力。创造性别平等同样需要群策群力。

第六章

首席执行官如何打破多元化的屏障

——

如果你是一名首席执行官，而你没有把性别多元化，

或任何多样性议题看作首要问题，

那你在过去的几年里一定是趴在方向盘上睡着了。

——

英国　默文·戴维斯勋爵

*　　*　　*

如今恐怕没有哪个首席执行官还会说人才多样性对自己的企业不重要了。我想说的是，大多数人确实相信这一点，这个话题也在领导层不断被论及，同时在公司的“最高战略优先项”中占据着重要的位置。与 10 年前，哪怕 5 年前相比，现在已很少有人再会问我这件事为何重要了，大家现在关注的是如何更快、更好地取得进步。

但问题在于，人们高度关注这一问题已有超过 10 年时间了，总体上的结果却依然令人失望。许多企业陷入令人沮丧的僵局：有限的进步让管理团队感到气馁，他们觉得自己已经通过许多举措做了不少事情，但稀缺的多元化人才依然遥不可及。更重要的是“非多元化”的大多数人可能正因为公司在“多元化”上耗费的时间和精力而默默感到不满，因为他们还无法把人才多元化和公司绩效联系起来，在他们看来这依然只是件政治正确的事。多元化议题已经开始让大家感到疲惫了，但要做的事却还有很多。

不过，现在有更令人信服的商业理由来促使首席执行官把握这个问题。在面临多重转型的同时还要实现可持续的成就，这将成为越来越复杂的任务。如果只是简单的手工作业，只要有更多人来做，就会更容易完成，拿我们家来打比方：如果大家吃完饭一起收拾餐桌，那这个较大的工作量也能很快完成；而面对复杂的问题，再以我家为例：关于克拉拉是去读艺校，还是去读大学的问题—— 一个成功的结果并不取决于参与决策的人数，而取决于我们能否针对问题运用“最佳的思考方式”。

人工智能的崛起有着广泛的影响——虽然其中还有许多影响尚不明晰，但其中一个我们现在就能看到，且正在迅速逼近的是它对“人力资本”的影响。现有工作中可以通过算法完成的部分将越来越多地被机器替代，而不能通过算法完成的部分将需要判断力、远见、能跳脱模式化的解读能力、创造力。所有这些都意味着，商界领袖需要创造出“更好的思考方式”。

斯科特·佩奇博士（Dr Scott Page）是一名专攻“复杂性研究”的教授，他的研究重点是组织如何改进其思维流程。在《多样性的力量如何创造更好的团体、公司、学校和社会》（*The Difference: How the Power of Diversity Creates Better Groups, Firms, Schools, and Societies*）一书中，他提出“混乱但充满创造力的组织和环境，再加上拥有不同背景和生活经历的个人”将为我们提供答案。佩奇博士认为，身份多元性（包括性别、种族、性取向、社会经济背景等）与思想多元性之间的关系“微妙而神秘”，但“很明显，没有哪个企业会希望自己公司里只有白人男性，或只有亚裔女性”。他表示，“没有人能声称自己可以预测灵感的来源。但在其他条件相同的情况下，我们却有理由相信不同的人”——此处的“不同”可以是受过不同的培训，也可以是经历和身份上的不同——更有可能贡献出独特的经验，从而为组织的思维流程带来突破”。多元化对一个组织来说有多关键呢？我很欣赏佩奇博士的总结：“如果说组织的整体实力是一个蛋糕，不要把多元化看作是蛋糕上缤纷的糖粉——多元化不只是次要议题，它本身同样决定着蛋糕的价值。”

朱莉娅·霍布斯鲍姆（Julia Hobsbawm）是全世界第一位研究关系网络的人，她在伦敦卡斯商学院（Cass Business School）担任客座教授。在《全方位链接》（*Fully Connected*）一书中，她指出在一个不可预测、不怎么以规则为基础的世界里，运作模式像爵士乐队的公司会比那些有如古典乐团的表现得更好。爵士乐更需要即兴发挥，每个乐手都拥有一定程度的自由，整个乐队既能合奏出和谐的乐曲，又不一味依赖于乐谱。这似乎更适合我们现在这个越发混乱、快速发展的世界。一个企业的管理团队需要更像爵士乐演奏家那样去运作，而不是依赖唯一的蓝图，要能有适应性、创造性，还要创造出一加一大于二的整体成果。

虽然个体水平上难免参差，但首席执行官大都是些聪明人，懂得适应时代思潮。他们一定能预见到“多元化红利”日后会增加。在那些需要提出关键想法、制定策略的决策层面，这一点尤为明显。但在想法的落实阶段，多元化的价值或许就不那么明显了，因为此时更需要大家对这些想法有共识。然而在现实中，许多企业的情况恰恰与这种最优状态相反：基层的人才非常多元化，领导团队中却不是这样。就算经过了多年的努力，情况也依旧没有改变。

问题就在于大部分在多年前就实施的多元化举措都还滞留在第一阶段。它们没有跟上思维方式不断发展的速度。我并不是在批评这些举措的构建者，因为任何变革都不可能一蹴而就。在前进的途中我们必须时不时停下来，复盘、调整，甚至重新开始。在这个节点上，关键是要让首席执行官们认识到，沿着同一条老路前进并不会让他们的组织更接近多元化和包容性这一目标——这不是一个如何加大马力的问题，而是当努力偏离了目标，双倍的努力也不会带来更高的效率。

我们需要吸取的一个显而易见的教训：不能直接在长久以来根深蒂固的理念和行为上铺开多元化举措，还指望着这样就能取得进步。我们也要直面“反向特权”（positive discrimination）所造成的焦虑。这就是创造具有包容性的职场环境的意义所在——不排斥任何人。我们不想回到过去的时代，我们的目的也不是要让女性取代男性成为主导势力。

为了纠正在过去几十年，甚至几百年中形成的权力失衡，我们需要一种潜移默化又细致入微的方法，而这与当下许多公司正在使用的“多元化工具包”中标准化的举措大相径庭。当下最常见的手段就是强制员工参与一些“无意识偏见”培训班——这类培训班本身甚至都已经形成一个庞大的行业了，每年单是美国企业在多元化议题上花费的数十亿开销中，就有一大部分都用在了这类培训上。许多科技公司，尤其是那些多元化数据不甚理想的科技公司，更是全身心地投入到这些培训中。脸书在 2015 年更是强力推行了“控制偏见”培训课程，并“将它推广至公司在世界各地的团队”。然而，公司的多元化数据在此期间并未有所起色：员工中女性比例约为 16%，拉美裔约占 3%，黑人员工只有 1%。公司还把课程搬到了网上，方便其他人在线访问——当然这一切做法的初衷都是好的。

但问题是，并没有证据显示这种培训是有效的，我们倒是有充分的理由相信，这种培训会增加大家对少数群体的敌意。培训本身可能会传达出一种讯息，让人觉得管理者就是问题的一部分，而不是解决问题的通路；另一方面，培训的强制性也会引发不满情绪。研究社会科学的学者以及许多普通人都知道，人往往会反抗规则。

弗兰克·道宾（Frank Dobbin）教授和亚历山德拉·卡列夫（Alexandra Kalev）教授分别是哈佛大学和特拉维夫大学的社会学家。他们对800家公司进行了研究，通过收集经验证据来评估多元化措施是否在实质上提升了多元性。他们的学术论文题为《多元化举措缘何失败》（*Why Diversity Programs Fail*）——从题目中不难看出他们的研究结论。他们收集到的数据显示，指令式管控会产生反效果，而自发性的举措却可以非常有效。

道宾教授和卡列夫教授针对研究结果给出了一个直截了当的总结："如果你强制要求管理者参加多元化培训，试图规范他们的招聘和晋升决策，再建立一个规范性的申诉制度，那你的企业组织只会变得越来越缺乏多元性。"

现实情况是，我们无法命令人们改变他们的思维方式和态度。这得靠每个人的自主意愿才行。商界领导人需要做的就是鼓励管理者和员工自己去体会并理解多元化为何对于个人和企业来说都是件好事。领导者要创造出一个人心所向的目标。这听上去或许晦涩难懂，也很难实现，甚至有些一厢情愿，或许手段也不够强硬，但以我的经验来看，这绝对是可以实现且行之有效的。一旦形成了意识，一旦人们能从主观上看到多元化的必要性，他们就会在行动上体现出更多的包容性，而这样的进步可以是迅速的、切实的、持久的。

下表反映了一般多元化举措的平平表现：

2015—2018 年间少数群体在经理职位占比上的变化

举措类型	白人		黑人		拉美裔		亚裔	
	男性	女性	男性	女性	男性	女性	男性	女性
强制的多元化培训				–9.2			–4.5	–5.4
提供职位测试		–3.8	–10.2	–9.1	–6.7	–8.8		–9.3
建立申诉系统		–2.7	–7.3	–4.8		–4.7	–11.3	–4.1
自愿性质的培训			+13.3		+9.1		+9.3	+12.6
自主管理的团队	–2.8	+5.6	+3.4	+3.9				+3.6
跨部门培训	–1.4	+3.0	+2.7	+3.0	–3.9		+6.5	+4.1
针对女性的校园招聘	–2.0	+10.2	+7.9	+8.7		+10.0	+18.3	+8.6
针对少数群体的校园招聘			+7.7	+8.9				
导师计划				+18.0	+9.1	+23.7	+18.0	+24.0
多元化特别行动小组	–3.3	+11.6	+8.7	+22.7	+12.0	+16.2	+30.2	+24.2
多元化经理		+7.5	+17.0	+11.1		+18.2	+10.9	+13.6

注：空白处表示该举措的有效性数据不具有统计确定性

诺贝尔经济学奖得主、心理学家丹尼尔·卡尼曼（Daniel Kahneman）和曾与他频繁合作的阿莫斯·特沃斯基（Amos Tversky）被誉为“改变了我们对思考的想法”的人。卡尼曼在他具有开创性的著作《思考，快与慢》（*Thinking, Fast and Slow*）中阐述道，我们大多数的思考都是在必要的情况下“快速”完成的，而且在大多数情况下，虽然思考时间短，但决策的质量还是不错的。这是我们的思维捷径在起作用，但这也意味着我们容易犯错，容易抱有偏见，甚至陷入谬见。为了做出更好的决定，我们需要意识到这种趋向性，从而创造出变通的方法和技巧以保护自己和别人少受这些不可避免的偏见影响。

哈佛大学的教授艾瑞斯 · 博内特延展了这一概念，提出“靠布局实现性别平等”的角度。她描绘了企业可以如何制定细致的流程变革，以对抗那些对女性不利的偏见。在《行之有效：靠布局实现性别平等》（*What Works: Gender Equality by Design*）这本书的序言中，博内特写道：1970 年，在美国最顶尖的五大乐团中，女性音乐家只占 5%。如今，女性乐手的比例已经上升到了 35%。但这种进步并不是因为大家逐渐意识到了女性可以成为伟大的乐手，而是因为波士顿交响乐团率先推出了“盲选试奏”，其他乐团也竞相效仿。这种让乐手在幕布或屏风后面进行试奏的方式，使得女性乐手多出一倍的机会晋级到下一轮选拔。这是一个巨大的改变。照理说，乐团总监只关心演奏的质量，所以只需一个“变通的方法”就能帮助他们克服主观上的性别偏见。

博内特教授认为，我们应当把精力集中在改变环境上，而不是企图改变别人的心态。以我自己的经验来看，这两者是会相互影响的。我也曾在工作和家庭等不同场景中多次见证过靠“布局”来改变一些事，最终可以改变人们的心态。在我看来，商界的领导人需要两者兼顾，因为零星的变通方案无法解决公司可能发生的一切状况。我们的目标是要让演进的过程转化成一场变革；让持怀疑论者成为充满热情的拥护者，最终大家都能自然地行动起来，无须外界指引。

你可能对此将信将疑，但这正是30%俱乐部中正在发生的事。下一页上的报纸漫画捕捉了潜在支持者心中的内在矛盾：鼓励公司任命更多女性非执行董事，男性会不会是在自断退休后的出路？但即便是那些真有可能因此而吃亏的人，后来也意识到支持多元化才符合他们整体的最佳利益。

30%俱乐部刚成立不久，就有人告诉我，有一位大名鼎鼎的董事长因为没收到入会邀请而感到失望。于是，我开始给所有富时350强公司的董事长写信，邀请他们参与30%俱乐部。当时，我意识到手写信件仍是迄今为止最有效的方法，手写的书信不仅容易收到回复，甚至更容易收到肯定的答复。但要手写350封信未免太多了，所以我起草了一份格式化的文书，随后再根据不同的收件人添加个性化的附言。这也花费了我不少时间，我按照字母表顺序写信、发信，当我写到H开头的姓氏时，我已经陆续收到姓氏以A和B开头的那些收信者的回信了。回信的态度大多是消极的，有些甚至明显带有敌意，于是我停下了手中的笔。

我并没有去和那些持不同政见的人争辩，这不是我的风格。我没有告诉他们是他们错了，哪怕他们误解了30%俱乐部的真谛，或是根本不理解我写信给他们的诉求。虽然遭遇了这一波拒绝，但我们的会员人数依然从7名创始支持者增加到了200多人。这背后有两大主要驱动力。首先是我们有意识地改变了招募流程的布局：30%俱乐部有五位最坚定的支持者，分别是罗杰爵士、温爵士、罗伯特·斯旺内尔、葛伦·莫雷诺（Glen Moreno）——当时培生教育（Pearson）的董事长，以及大卫·克鲁克香克（David Cruickshank）——当时德勤英国的董事长，后升任该公司的全球董事长。这五个人组成了一支非

Alex
PEATTIE+TAYLOR
30% 俱乐部是一个自发性的组织，成员来自不同公司的高层，致力于将更多女性带到企业的董事会中。
alex@alexcartoon.com
董事会一直以来都是男性的堡垒，正是因为有像你们这样的中年人占据着行政职务，维系着老派的帮带关系和肥水不流外人田的风气……

但这个世界在不断进步，你们这一代人即将迎来职业生涯的尾声，是时候迎接改变了。
唔……她说得有道理。

我们现在确实需要一些头衔风光、实则安逸的非执行董事闲职，好让我们享受退休的时光。
你说得对，如果要把三成席位让给女性那就糟了。

常成功的“招募行动组”，他们说服自己的同僚加入进来——这可比我的手写书信有效多了。另一个推动力来自那些原本固执己见的主席，他们开始看到参与其中的好处——包括可以借此彰显自己的现代性和进步性。

有一位董事长在我第一次为 30% 俱乐部的事找到他时坚定地回绝了我，而且对这个想法相当不屑一顾。六个月之后，他羞怯地、很客气地来跟我说，他当初犯了个错误，现在很想加入进来。我很高兴，但也很想知道是什么促使他改变了主意。他解释道，当时他掌管的商业地产公司正准备和别人签订合同成立合资企业，在关键时刻，公司唯一的女性非执行董事试探性地提出了自己的担忧。她指出，协议框架中还存在着他们没考虑到的风险。这位董事长意识到这位女士说的是对的。当董事长本人和董事会的男性成员都头脑发热、一心只想签下这个合同时，这位女性成员却在以不同的方式衡量当时的情形，但碍于自己是唯一的女性，她又不敢多说什么。通过这件事，这位董事长看到了 30% 俱乐部的好处，自然也就心甘情愿地加入了我们。

我曾在萨克拉门托的一个多元化论坛上听道宾教授讲过“多元化举措缘何失败”，这个论坛由加州两大公募养老基金，即加州公务员退休基金（CalPERS）和加州州立教师退休基金（CalSTRS）联合主办。我早先也在同一个论坛上发表过演讲。我注意到 30% 俱乐部的董事长最终都会发现他们想要的就是我们想要的，所以他们变得非常投入，成为变革的积极倡导者。在我还没意识到我们的方法有理论依据时，道宾教授解释了这背后的原理，他谈到了创造“认知失调”的妙处。这听着或许像是一个晦涩难懂的概念，但其实每个人都有过这种熟悉的体验：当我们的脑子里同时持有两种相互冲突的想法时，我们就会体会到一种令人不适的内在紧张感；而当我们必须要为自己不认同的那部分命题进行辩论时，这种感觉将尤为强烈。许多董事长一开始都对 30% 俱乐部持怀疑态度，但当他们开始看到积极的一面时，他们就通过改变最初的观点平复内心的挣扎，转而力挺我们的倡议。我在和一些董事长聊天时也目睹过一些“顿悟”的瞬间——这些转变完全是他们内心斟酌后的产物，是来自外界的胁迫不可能办到的。几年之后，2015 年巴黎气候变化大会的主脑克里斯蒂娜·菲格雷斯（Christina Figueres）和我交换了彼此在各自领域的经验。我们一致认为，当人们最终意识到进步符合他们自己的最大利益时，哪怕他们并不真正相信我们的理念，我们也能实现突破。

但在让首席执行官准备好重新调整认知之前，甚至在他们考虑改变思路之前，要先给自己和自己的企业竖起一面镜子——提倡多元化这么多年，你能不能坦诚地回答如下问题：

1. 围绕多元化和包容性，你有没有实实在在的策略？或者说，现在所做的尝试能不能构成一系列的战术性举措，能不能拼凑出一个计划呢？

2. 你有没有数据可以体现当前的问题出在哪里，出在哪个环节？是人员招聘？晋升？还是员工薪酬？你是否完全了解上述每个环节的流程？例如，你的招聘人员在筛选求职申请时所使用的准则是否会让他们不经意地偏袒特定群体？这些环节中是否存在特别容易出现问题的地方？例如，女性在放完产假之后是否很难获得升职？面临裁员时，少数族裔的员工是否面临更高的风险？男性和女性、不同肤色的员工在同类职位上是否存在薪酬差异？以上，你是否有数据支撑这些问题的答案？

3. 就你个人而言，你可曾倾听不同人才的心声？你是否理解他们为什么会有这样的感受？你有没有成为一两位员工的职场导师？这一两位员工是否来自“核心圈子”之外的少数群体？针对多元化的措施是否疏远了现有的传统人才？你是否清楚地知道这不是一场零和博弈，一个包容的企业文化并不意味着换一批人来受排斥或受歧视。

4. 你是鼓励员工参与还是强迫他们参与？如果你已经采取了邀请，而不是强迫的方式来提高多元性，那你有没有创造机会，让各个层级的员工都能轻松参与其中？你有没有建立一种生态系统，让多元化人才不仅可以从中受益，还可以帮助推动改变？

5. 你的举措旨在改变整个职场环境，还是希望能有更多女性受到鼓舞，加入现有的工作实践中？你有没有准备好要进行创新、实验，甚至改革？有没有一些职位向来就是允许灵活机动的工作方式的？对于想要重返职场的员工，你有没有专门的计划？企业中是否明确标榜只要是人才就有机会晋升到最高的位置，唯才是用，不问出处？

6. 你的目标是否足够远大？你是否明确界定了人才和公司业务发展之间的关系？这绝不仅是用含糊的、陈词滥调的空话说人才是公司最重要的资产。你的企业中是否有一些最优秀的人才在人力资源部工作，并直接向你汇报？你觉得自己是否真正投身其中？

当你有了以上问题的答案，你不用跟它们较劲，而是要好好利用它们。告诉自己不要去指责别人哪里没有做好。如果多元化已经很明显地变成了公司里的敏感话题，很容易引起大家的不满或对其政治正确性的怀疑，那第一步就是要少用“多元化”这个词。你需要重新定义倡议的意图，将重点放在商业目标上，在涉及人才的目标上时一定要以业务标准来进行描述。例如，你期望看到人事决策对利润的影响。在本书的第一章里，大家已经看到了牛顿是如何通过大胆的尝试，让所有的员工都可以选择每周工作四天，从而帮助公司在长期范围内保留人才，同时也减少了因人员更替而可能产生的招聘费用，以及因关键职员流失而可能造成的业务损失。除此之外，这种做法还不会让刚放完产假回到工作岗位、需要缩短每周工时的女同事觉得自己得到了特殊待遇。我们为所有人创造了一个更好的职场环境，而不是只针对女性。

依我所见，在所有取得了巨大进步的公司中，都有一个奠定成功的组合：有大胆的志向，有可实操的布局，有良好的激励机制，还有明确的、传达清楚的战略。

接下来，让我们通过一份涉及三个方面的不完全清单，来看看企业的领导者可以如何鼓励人们对多元性的益处产生真正的热情。

招聘

诚然，如果一家公司无法在人门级的岗位上吸引多样性人才，那就几乎不可能在高层职位上实现多元化的进步。但我很欣慰地看到了许多积极的案例，这些企业在鼓励更多不同的人前来应聘方面取得了巨大的进步，其中甚至包括银行等传统行业。

从 2012 年到 2016 年，在这连续的 5 年时间里，我每年夏天都会为瑞银集团（UBS）的实习生宣讲有关性别多元性的话题，这也是他们实习生培训计划中的一部分。这对我来说也是一个非常难忘的经历，尤其是我在这期间见证了瑞银集团的招新工作在多元化上取得了显著的进步——原本大多数新人都是从私立学校升上牛津剑桥的白人男性，现在则是做到了：男女比例更均衡，新人中有不同肤色、不同宗教信仰的人，有来自不同社会经济和教育背景的人。最开始的那几年，瑞银集团只让我向女性实习生宣讲有关话题。2012 年，演讲时台下大约有 60 人，占当年新人的 30%；但到了 2013 年，女生的人数一下降到了 30 人，只占总人数的 15%。我问他们这是什么原因造成的，招聘团队解释说，因为女性应聘者的数量比男性少得多，在筛选过程中脱颖而出的就少之又少了。我建议他们好好研究一下数据，看看能不能得到一些启示，以便在措施上做出调整，而不是眼巴巴地期盼明年能有更多女性有兴趣来应聘。我们还达成了另一个共识，那就是以后我的演讲应该面向全体新人，让刚进入行业的年轻男性对这个议题建立意识也是很重要的。

时间到了 2016 年，我发现台下的听众有 50% 是女性，还有不少来自不同种族和信奉不同宗教信仰的人，比如我看到一些包着头巾的锡克教徒，还看到有一位女士在用手语为一位失聪的实习生翻译我的演讲。现场当然还是有不少出自传统教育背景的白人男性，但他们也非常投入，能提出深刻的问题。其中一位还邀请我去一所男女合班制高中为那些对金融行业感兴趣的同学做演讲，我当然也欣然接受了他的邀约。事后我问瑞银集团的人力资源团队，他们是如何实现这般转变的。他们告诉我，通过一项细致的研究，他们发现女性往往比男性更晚提交应聘申请。没有人知道这背后的原因，但与其质疑这个数据结果，或是耗费时间去深究，招聘团队决定在工作中照顾到这个情况。他们采取了新的录取方法，在申请截止之前保留一些名额，这样就不至于错过那些明明有潜力，但卡着截止日期才递交申请的女性。与此同时，他们也扩大了与各大学的联系。不过他们非常清楚，更多工作依然需要在公司内部完成。整体来说，这个招聘团队对长久以来建立的流程做出了大幅度的改变，并取得了真正的突破。更重要的是，公司对 2016 年的实习生质量感到满意，并注意到群体中增加的多元性对于他们工作时的合作方式产生了积极的影响。

2016 年，英格兰银行的首席经济学家安迪·霍尔丹（Andy Haldane）就多元性议题发表过一次极具洞察力的演讲——“史尼奇一族”。这个名字取自苏斯博士（Dr Seuss）最早在 1961 年出版的同名童话故事《史尼奇及其他故事》（*The Sneetches*）。书中讲述了有关地位与歧视的故事，霍尔丹的演讲是对这本书的一次戏仿。在演讲中，霍尔丹为台下的首席执行官敲响了警钟，要他们反思一下公司的招聘流程是否真的起到了鼓励多样性的作用。

安迪·霍尔丹的招聘难题

某一职位现在有两位候选人 A 和 B，并已根据对招聘企业有用的品质特征对他们进行了测试。这些测试设计精良，能测试企业想要的一切多元性特质，涵盖认知能力、人际交往技能，以及经验技能。

在满分为 10 分的测试中，候选人 A 拿到了 8 分，而候选人 B 只有 4 分。你该录用谁呢？答案显而易见。事实就摆在眼前，A 是最理想的候选人，因为分数显示 A 几乎满足所有的要求。但且慢，让我们来考虑一条额外的信息。如果 A 答错的题目 B 都答对了，而现有员工答错的问题 B 也答对了呢？换句话说，如果 B 能带来目前企业内部欠缺的技能，你又该如何取舍呢？

那对于这家企业来说，正确的选择就应该是聘用 B，而不是 A。因为虽然 B 作为个体不是最强的，但他的加入可以增强组织的整体实力。但问题是现有的招聘流程能不能实现这样有价值的招聘呢？我认为这在实践中并不多见。企业总是在拿候选人的技能和现有员工的进行对比，看看符合多少。要一个招聘企业选择那些和本身已有技能不一致的人，需要迈出信仰的一跃。

在霍尔丹给出的设定中，大家都能看出候选人 B 可以为招聘企业带来新气象。我曾多次引用这一设定，听众每每都惊讶于结论如此明显，而自己在实际招聘过程中却常常无法做出聘用候选人 B 这样正确的结论。我们的思维还停留在聘用"最好的"个体，而不是那个"最能让团队实力变得更全面的人"。无论是聘用、晋升，还是委任某项工作，我们都要放在整个团队的情境中来考虑。这对许多企业、对很多首席执行官来说是颠覆常规的事：招聘不是要找公司现有员工的"复制品"，而是要刻意去寻找不一样的人才。这种事说起来容易做起来难。我也曾在公司里"克隆"过自己。曾经有一个暑假，我选的两个实习生在许多方面都很像年轻版的我自己，其中一个甚至还与我同名。我们工作起来自然也很合拍，但我意识到我不希望公司成为同质化的回音室。于是在第二年，我有意挑选了背景和思维方式与我大不相同的实习生。我从他们身上学到了很多东西（我希望他们也一样）。随着越来越多的招聘人员开始意识到这一点，来自少数群体的候选人在这方面的优势就会越发明显，他们身上的不同就是天生的加分项，而不是减分项。

从导师帮带到小班辅导

导师帮带的做法在许多企业中都很流行，依我所见，师徒之间需要建立起一种双向的关系，才能让这种做法发挥最大的效用。导师帮带的做法有时还会引发另一种争论：导师是否等同于“靠山”？对于一个刚入行的年轻人来说，能有人在背后积极支持他的事业不失为一件好事，但在你有所成就之前，往往是很难找到这种“靠山”的。相对而言，导师帮带的做法就比较容易实现了，通常也更侧重于提供职业建议。而且这个做法也很容易拓展为通过配对的方式将多元性渗透到提出商业创意和解决问题的过程中。在我读大学的时候，每周都要去上小班辅导课，这是剑桥教学方法的基石，很多其他学校也有这样的做法。小班辅导课不是单方面的讲座，学生要写论文，老师会评分。它本身是一个探讨的过程，产生思想的双向流动，丰富的对话内容可以让老师和学生都受到启发。这种小班辅导的形式也可以被复制到商业环境中：组织两名处于公司不同层级的员工，进行定期的、经常性的对话（可以是每周），共同探讨某个项目，或是公司正面临的某项挑战。通过这样的方式，对话双方都能从不同的角度获得更多的认知，了解聆听所能带来的好处。当今社会时刻都在发生着巨大的变革——尤其是科技方面，此时如果能为公司里年长的、身居高位的员工创造机会，让他们听一听更贴近时代前沿的年轻人的声音，不仅可以促进企业内部的多元化，还能带来许多其他好处。

30% 俱乐部曾发起过一项针对处于职业中期女性的跨公司导师计划，这后来成了我们最具影响力的企划之一。安永会计师事务所一开始向我们提出这个点子的时候，我们都觉得它听起来并不特别令人兴奋，我本人也抱着怀疑的态度——此外，导师计划真的有用吗？但我们还是用 30% 俱乐部一贯的做法，即通过实践测试了这个想法。测试涉及八家公司的 70 名员工，即 35 对师徒。测试的反馈让我们眼前一亮。男性导师谈到，师徒间的对话让他们“大开眼界”，认识到自己公司内必定存在着许多与女性相关的议题，但女性员工却要么没机会提出，要么不好意思跟同事探讨。男性导师也得到了许多热情的反馈，在 2016—2017 年度的导师计划结束之后，我的前同事迈克尔 · 科尔 - 方丹（Michael Cole-Fontayn）被授予第一届“最佳导师”奖，他是当时纽约梅隆银行的欧洲区主席。学徒也表示，她们在与自己公司之外的人谈起这些话题时，感觉更能直言不讳，而导师给出建议时也不会太拘谨。从第四批参与者的反馈来看，坦诚的交流产生了正面的影响：95% 的学徒表示，通过导师的指导，自己作为领导者的信心有所增长；86% 的导师表示，自己也在谈话中有所收获。要在商业环境中完全复制这种坦率的对话或许并不简单，但小班辅导可以帮助对话双方建立理解和相互尊重。

把舞台交给有创意的思考者

30% 俱乐部导师计划此后每年都有开展，参与人数也在快速增长。到了第五届，一共有 85 家机构，超过 1500 人参与其中。从试行期间我们就已经看到，学徒希望从企业界之外听到更宏观、更大胆、更有启发性的想法。找到更多层面的参与者对我来说似乎成了一个考验，但就在这时，我突然收到了当时的内政大臣兼妇女与平等事务大臣特雷莎 · 梅（Theresa May）的来信。梅女士问我能不能见见她的一位选民莉兹·迪莫克（Liz Dimmock），或许我俩能互相帮助。

莉兹是一位让人印象颇深的女性。她原本是汇丰银行的全球培训主管，2012 年还完成了环法自行车赛。她认为商界女性和女性运动员应该相互学习、彼此借鉴，于是她成立了一家社会企业，通过导师计划来促成这项交流，这个机构名叫“女性先锋”（Women Ahead）。在我俩见面之后，我意识到莉兹和她的团队可以为我们的 30% 俱乐部增添不少新鲜血液，让我们可以从体育界、艺术界和演艺界搜罗令人期待的讲者。这些讲者不仅能给学徒带来启发，也能给那些在企业中身居要职的导师带来新鲜的想法。

有一次演讲给我留下了尤其深刻的印象，讲者是声音训练师帕齐·罗登伯格（Patsy Rodenberg），她的客户主要是一些知名的演员，比如奥兰多·布鲁姆（Orlando Bloom）。那次引人入胜的演讲的主题是如何把握现场、掌控对话。在筹备这次演讲时，帕齐问能不能让她讲两个小时，考虑到两个原因，我要求她把演讲控制在 90 分钟之内：一是怕台下的大人物挤不出这么多时间，二是担心没人能坚持专心听这么久——事后我对此懊悔不已。正式演讲时，我可以看到台下的四百多名观众，无论男性还是女性、导师还是学徒，都聚精会神地关注着她说的每一个字。帕齐让所有人重新思考该如何调动别人的注意力，如何与我们的同事、朋友和家人交流，如何在对话中更投入，更言之有物、掷地有声。我参与过不少“演讲技巧”课程，但都是在公司培训的语境中，都不像帕齐的分享这么有帮助。同理，首席执行官可以通过跳出已有的“框框”，邀请有魅力的讲者来到自己的企业中，借此鼓励更多创新的想法。如果能把这些演讲与已有的导师计划和小班辅导计划相结合，可能就会让更多人愿意参与其中。商业领袖也可以为企业内部的讲者提供舞台，赋予人们提出看法的权利，让他们有机会分享天马行空的想法。拥有一个有意识培养并鼓励新思维的计划不仅是企业在布局上的一个进步，也能够激发更多积极的二阶效应。这体现出的是一种开放的心态，表示公司愿意聆听那些可能会动摇现状的新概念。

我只是抛砖引玉，但这些都是具有实操性的举措，可以帮助首席执行官按下多元性的重启键，鼓励人们重新思考如何在公司的各个层级拓展人才布局。还有三个大概可以称得上是“颠覆性”的方案：将针对工作方式的限制降到最低，让所有职位都能选择灵活机动的工作方式；在宣传新职位时，标榜“乐意探讨弹性工作制”；以及建立制度，方便职业生涯一度暂停的人重返职场。将各种建议组合起来，成立一个专案小组。但这个问题不能丢给人力资源部门或某位高管。这些人当然都可以帮忙，可以帮着领导和管理项目，但这些都不能抵消首席执行官的直接参与，这是至关重要的。首席执行官的工作固然繁忙，但对于像这样有意义的事情，我们必须挤出时间来做。当一位首席执行官亲自参与到导师计划中，并投身小班辅导中，出席一些“创新思考者”的讲演活动，亲自面试那些“非主流”的应聘者，或是鼓励那些执行弹性工作制的员工时，他的一举一动都会在公司里发出强有力的信号。

敢于尝试才是关键。大多数企业在涉及自身组织架构和工作方式的问题上不敢进行大胆的尝试。这并不令人惊讶，因为尝试总是会带来麻烦，而手头又总会有不可避免的、更要紧的事要做。但如果我们的目标是要取得真正的进步，而至今为止的努力都不奏效，那么就只有怀着开放的心态，我们才能重新站上起跑线。新公司往往更容易以其理想的方式开启征程。我听过一个投资公司创始人的演讲，他的公司经营得很成功，初创团队有 12 名员工，讲着 9 种不同的母语，不过这种极致的多元化也让团队在早期的沟通过程中遇到困难。

我经常被问到有没有更多方法能帮到那些由男性主导的行业，比如科技、工程及金融领域。首先，我们必须扪心自问，这些不平衡在多大程度上是由文化意识造成的，有多少是因为所谓的男女对不同行业的兴趣本身有高有低造成的。我们的目的不是要强迫女孩子去从事她们不怎么感兴趣的事业，哪怕这些工作被标榜成了比她们真正喜欢的职业“更高级”。这种做法在我看来对女性没有帮助，反倒是打压。但如果一个女孩真心喜欢物理或数学，那我们就应该确保她知道自己有机会发挥自己的潜力，更要确保现实不辜负她的认知。2014 年，伊朗数学家玛丽安 · 米尔札哈尼（Maryam Mirzakhani）成了有史以来第一位获得菲尔兹奖的女性，但三年之后她不幸患上乳腺癌去世，年仅 40 岁。

对于这些以男性为主导的行业来说，形象又是另一个问题：如果没有协调一致的、横跨全行业的努力，就很难改变大家对这个行业的既有观感。正如我们已经看到的，科技公司面对的挑战尤为严峻，特别是在吸引女性工程师这件事上。但他们选择将负面数据公之于众，直面批评，正面迎战可能存在的恶性循环，还公开承认现状不能令人满意，并承诺将持续公布数据以展示改进的成果。

不同的行业面临的挑战也各不相同。2012 年，不少专业类服务公司的管理合伙人都前来寻求 30% 俱乐部的帮助，其中包括律师、会计师和管理咨询师。这些公司通常都能在入门级的职位上吸引不少女性，经常可以占到录取人数的一半，但却很难在合伙人级别上保持这一比例——当时律师事务所中女性合伙人的平均比例为 15%，在会计师事务所中这个比例为 17%。这些机构将 30% 俱乐部看作他们的“安全港”，他们希望大家能抱团实现各自无法独立实现的突破。

纵观这十家律师事务所和七家会计师事务所，我们发现在一家律所中，男性能升到合伙人的概率要比同期入职的女性多十倍；在会计师事务所，这个数字是三倍。这还是在这些公司“采取了许多行动”来解决管理层男女比例失衡问题的状况下得到的数据。大多数公司都会拿出一长串的具体举措来显示他们是如何培养女性人才的，因为这些公司已经在这方面钻研了多年。

在 30% 俱乐部的某个特别企划中，麦肯锡对这些公司里的 700 多名员工进行了问卷调查。调查发现，尽管管理合伙人总在强调多元化的重要性，但哪怕是他们的直系下属，在这方面的投入程度也远不能让人满意。四分之三的公司管理合伙人把多元化视为公司的战略重点，而匿名问卷显示，只有 40% 的高级合伙人和 25% 的经理表达了类似的观点。这些管理着大量员工的中层干部如果不能真正投入进来，那这显然是多元化进程上的一大障碍。

这对管理合伙人来说也是一个很难接受的现实，但正如其中一位所说，“我们必须清楚：这是一个重要的临界点。”对他们而言，这已经成了影响公司可持续发展和盈利的问题。因为公司的高层能够看到，客户对多元性有更高的要求：“我们这样一个全员男性的团队去提案，发现客户那边的团队有一半都是女性，这显然对我们不利。”就连吸引传统的顶尖人才都已经很困难了，“如果我们不能解决这个问题，我们更无法吸引和留住最优秀、最聪慧的年轻男女了。”

这些英国的专业服务公司在向 30% 俱乐部求助的同时，也自愿设定并公布过要让公司的女性合伙人比例达到多少的目标，他们也明确了新的布局，来使工作流程更现代化。其中包括一些非常初级的措施：2012 年，我们发现这些企业中只有三分之一在项目分配方面有完备的流程。在其余企业中，那些最好的项目——有助于员工走上升迁之路的项目——往往被合伙人直接分发给了“年轻版的自己”。引进一套可靠的项目分配流程是最容易上手的第一步。有些公司已经向前跨出了更多步：为了摆脱过时的工时计费系统，他们重新审视了自己的商业模式，转而衡量产出而不是投入，同时也以一种更智慧的方式来对待公司中的女性人才。

这些布局上的改变起到了示范性的效果：当麦肯锡在 2015 年进行后续随访时发现，律师事务所中男女晋升到合伙人的机会差距已经下降到了“区区”三倍。2017 年，一家大型律师事务所任命的女性合伙人比例达到了创纪录的 40%——在这些最佳个案中，是许多人在方方面面付出了努力才促成了这些进步。如今，这些公司对于内部的人才晋升通道都有了更密切的监测和管理。为了帮助女性员工朝着合伙人的目标迈进，他们会做好细致的准备工作，而不是眼巴巴看着她们错失机会。各家公司也在努力打消女性员工的顾虑。一家会计师事务所的管理者告诉我，他们向两位表现出色的女性提出升任她们为合伙人，结果却意外遭到了两人的拒绝。不过公司并没有就此放弃，一位资深的女高管分别与这两名女性员工进行了会谈，发现她俩当时都怀着第一胎，所以担心升职后无法应付公司委托的重任。最终，公司还是鼓励她们接受这次任命，两人也照做了，公司还承诺如果她们每周需要有些时候在家办公也没问题。两位女士表示，公司能找她们聊，让她们觉得很欣慰，也很开心公司说服她们改变了主意。

而我所在的投资和储蓄行业是多元化议程的后进分子，行业内的相关数据也非常难看。不仅英国如此，全世界都是这样。英国的金融网站“城市线路”（Citywire）根据其广布全球的数据库中的信息，分析了全球管理资产的女性基金经理。该公司2017年的报告涉及15 316名在职的基金经理，其中只有1 615位女性（占10.5%）。但后来发现，实际情况更糟糕：这些女性中只有809人在亲手管理基金。基金经理这个工作不仅对有家庭的女性来说是个很好的职业选择，对于任何一个不想成天趴在办公桌前，只希望以结果为导向的人来说都是一个不错的选择，我本人就是一个很好的例子。要说金融危机给我们这个行业带来了什么，那就是整个行业的倒退，企业形象的问题成了发展道路上更大的阻碍。2016年，作为英国基金业主要的行业组织“英国投资协会”的主席，我组织了一次早餐圆桌会议，来探讨应对这种情况的对策。当天有40名与会者，都是各个公司的高层，我要求每个人提交一份个人简介，不需要罗列过往的赫赫战功，而是要突出自己的特点和背景。以下是我的简介：

> 我是一名白种人，英国籍。读的是男女合班制综合高中，后来去剑桥念了哲学，大学毕业后直接加入了施罗德（Schroders）管培生计划，在纽约出任固定收益基金分析师，回到伦敦之后担任固定收益基金经理。后在1994年加入牛顿公司。2001至2006年间出任牛顿的首席执行官。现在领导着法通保险旗下一家新的个人投资企业。我已婚，家里有九个孩子，我丈夫是一名全职爸爸。

在阅读了各自的简介之后，大家一致认为，以我们自身参差的教育背景和早期实验性的从业经历，要是在今天，恐怕都很难在自己公司的统一招聘流程中脱颖而出。例如，许多公司现在都明确要求员工要有数学或经济学学位。这次的早餐会促成了之后的“多元化项目”，这是一项深入的合作计划，力图在各个维度上改善行业多元性。

常常有人问我，企业应当首先改善性别上的单一性，还是最好多管齐下，同时处理不同层面的多元化问题？我相信在过去的某个时间、某个地点，特别需要像30%俱乐部这样专门针对性别议题的组织；而像“多元化项目”这样的新兴倡议完全可以从一开始就覆盖更多层面。涉及面变广并不意味着我们可以妥协于一些笼统的、不清不楚的目标，我们依然需要明确目标再行动。不过更广义的多元化目标实际上可以更有效地帮助女性实现更多进步，而不只是性别上的平权。不久前，有一位男同事对我说：“我不懂为何你要如此专注在女性议题上，哪个时代女性的日子能像现在这么好过？”他的话充分反映出了最近女性人才备受关注这件事在他心中激起的波澜。

我当然意识到了员工的这种反应可能会在不经意间让公司更难解决其他方面的多元化问题。英国曾一度提出要将少数族裔在董事会中的比例定为20%的想法，乍一听觉得很不错，但发散开来想，那其他群体，比如性少数群体、残障人士群体，也要如法炮制吗？30%俱乐部的数字目标只是一个辅助手段，让大家意识到有某个群体没有受到足够的重视；但如果一味重复套用同样的方法，问题立刻就会显现出来。我们追求人才的多元性是为了集思广益，让各式各样的人才都能融入进来，而不是为了制造一个模式化的组合。我们的终极目标是思想的多元性，达到这个目标需要更细致的策略，而不是靠“三名女性员工、两名少数族裔员工、一名同性恋员工、一名残障员工、一名年轻员工等等”诸如此类的配比就能实现的。如何才能找到完善的解决方案呢?

梅洛迪·霍布森(Mellody Hobson)是一位非常成功的非洲裔美国女商人,也是一名公司的非执行董事。她致力于推动提高美国公司董事会中的黑人董事成员比例。在美国,黑人占总人口的13%,但在财富500强的公司里,董事会成员中的黑人只占9%,由黑人担任首席执行官的企业不到1%。在乌尔苏拉·伯恩斯(Ursula Burns)卸任施乐公司首席执行官一职之后,财富500强公司中就只有四名黑人首席执行官了,而且四个人全都是男性。伯恩斯是迄今为止唯一一位执掌过财富500强公司的非洲裔美国女性。

梅洛迪曾在2016年邀请我参加在加利福尼亚举行的全国黑人企业领袖论坛(Black National Corporate Directors Conference),并请我在会上发表演讲,还安排我和另一位财富500强公司的白人男性首席执行官同时接受采访。那位首席执行官对自家公司的客户群体进行了分析,发现其中三分之二不是白人。他没有照本宣科地去处理性别或种族上的不平衡,而是让公司董事会和管理层去想办法接近这三分之二的“其他”客户。他们公司也一直都有针对某些少数族群的倡议企划,但他们的总体目标是要减少白人男性领导层的支配地位,因为他们不能代表所有人。这个做法不仅取得了全方位的喜人效果,也很好地提醒大家:“其他人”才是大多数。

最后,让我们坦诚地来谈一谈女性首席执行官在促进多样性方面所要面临的复杂问题。如我们所见,男性董事长在帮助英国公司董事会实现性别平衡方面起到了变革性的影响。但即便到了现在,即便许多位高权重的男性已经参与了这一变革，高层中依然很少有女性能从容自如地担当领导角色。而真正做到的那些人能够给我们带来巨大的启示：比如艾莉森·布里顿（Alison Brittain）——惠特贝瑞（Whitbread）的首席执行官——就是其中之一。2016年，她曾在《金融时报》举办的“高层女性”峰会上发表了精彩的演讲。她分享了自己从一家银行的总经理成长为富时100强公司的首席执行官，执掌英国最大的酒店公司的经历。她说道，在刚刚升任首席执行官时，她低估了自己所说的每一句话，甚至是每一点情绪对她手下团队的影响。有一次她无意间听到一个同事在走出会议室的时候说道：“她好像看上去不大开心，我觉得她不喜欢我们刚才的汇报。”但实际上，艾莉森当时看上去很郁闷只是因为她突然想起了女儿的数学作业，她正在努力回想如何去解那道二次方程的题。

艾莉森在分享经历的时候展现了她有血有肉的一面，这让她成了我心目中的榜样。而像她这样愿意站出来的女性领导人还只是极少数。更多人的态度仍然游移不定，这不是因为她们不想鼓励其他女性，而是因为她们不想“刻意高举女性的旗帜”——这是某位富时100强公司女高管的原话。有一种观点认为，“真正的商业女性”应当把注意力集中在“真正的业务问题”上，而不是一味关注女性议题，但很显然，关注女性议题也是为了业务的发展。我能理解她们心中的不安，我也有过同样的顾虑。但无论以何种方式保持沉默，商界的女性领袖都在延续这样的观念：性别平等依然是一个特殊议题，又或是让别人觉得鼓励和支持其他女性会给自己的职业发展带来风险。因此，我们应当赞颂那些愿意站出来的女性。我的一位朋友苏琪·桑德胡（Suki Sandhu）创立了两个榜单，表彰来自性少数群体和少数族裔的优秀高管。我也和英国《金融时报》合作，创建了“卓越女性管理者大奖”（HERoes）。这个奖项表彰的并不是业界最有权势的女性，虽然得奖名单上的人大都有惊人的成就，但该奖项最重要的标准是：她们是否鼓励了其他女性的进步？毕马威驻英国的副主席梅兰妮·理查兹（Melanie Richards）是该奖项的第一位获奖人，多年以来，她都在幕后默默为其他女性的进步付出努力，她的获奖就是一个最好的例子。

我希望看到更多女性首席执行官行动起来，采取措施改变公司的工作方式，让它变得对女性更友好，同时也保证新一代的男孩女孩可以用更聪明的方式来工作。玛丽·波尔塔斯（Mary Portas）就是这么干的。波尔塔斯是一名零售业专家兼节目主持人，她制作的《商店女王玛丽》（*Mary Queen of Shops*）等电视节目，还有她建立的慈善商店，让她成为英国家喻户晓的人物。在波尔塔斯的第三个孩子（也是她和伴侣的第一个孩子）霍雷肖（Horatio）出生之后，她突然意识到工作并没有带给她快乐。于是在苦心经营事业二十余载之后，她撕掉了束缚自己的旧规矩，决定建立一种让自己和别人都喜欢的工作与生活。在 2017 年的一次采访中，她为自己制定了新的规则：她不会再跟自己不喜欢的人一起工作；6 点钟一定要回到家——也尽可能让和她一起工作的人也做到这一点。波尔塔斯说：“我意识到我一生中在工作上耗费了多少时间，又有多少时间人们总是把我当成一个男人来对待。即便是我在电视上的形象也要符合这样的设定，一定要我摆出一副‘咄咄逼人、叫人退避三舍’的姿态，但内心深处的我并不是这样的。”

促使玛丽重新出发的是她对自己生活的思考。采访她的玛格丽特·德里斯科尔（Margarette Driscoll）就曾指出，玛丽·波尔塔斯在捕捉趋势方面成就了一番非常成功的事业。她以灵活的工作方式重新塑造了自己的公司。她的高层员工可以自己安排工作时间，产假也没有时间限制，假期也是想放就放。波尔塔斯指出："这不只是为了女性。我的董事会里有两男两女，这两位男性同样喜欢这样的安排，这也是他们想要的工作模式。"波尔塔斯相信，"自由能让人工作起来更省力，也更有干劲，"如果大家能够随意选择放假的时间，"其实大家并不会因此而放更长的假。"

娱乐业巨头网飞（Netflix）的经验也证明了这一点。自 2010 年以来，网飞的休假规定一直都是——没有规定。受薪员工可以随心所欲地放假。公司只关注员工实际完成的工作，而不是去计较他们在工作上花费的时间。自治的做法只会让人更有主人翁意识。他们没有一味遵从旧习惯，而是让员工自行选择行之有效的工作方法。我认为像网飞这样的公司能够迅速崛起并非巧合。

我相信，"跳背式超越"（leapfrog）这个词将会在商业世界中频繁出现。好比"特斯拉以跳背式超越取代了通用汽车和福特汽车，成为美国最具商业价值的汽车制造商"。这只是刚刚开始，商界胜者与败者之间的鸿沟必将不断扩大。创新者会不断创造出崭新的、振奋人心的、贴近消费者的产品和服务，还会以各种灵活的工作方式吸引到最优秀的人才，这必将使那些故步自封的老品牌无路可走。依我所见，三个因素将对谁输谁赢产生重大的影响：如何巧妙地运用科技，如何与客户的价值观保持一致，如何培养多元化人才。

至此，我们已经谈及许多内容，我罗列了一个简短的步骤清单，方便首席执行官们一一对照：

1. 分析公司的数据，务必亲自倾听少数群体的经历，不要妄自推测。

2. 接受当下听到、看到的结果。说出你要着力改进的事项，列出时间表和重要事件节点。未见成效的那些行动计划就赶紧撕掉吧。

3. 要在各个层级上鼓励员工自主参与到计划中来，尤其是多数群体。如有必要，可以避免重复强调“多元化”这个词。

4. 提升人力资源部的重要性，使之成为业务的重中之重，与之保持密切的接触，其主管必须是人中龙凤。无论是个体还是团队，人才都是公司战略的重要组成部分。要努力打造健康的人才生态体系。

5. 要赏，而不是罚。为员工考虑到职业生涯周期上的每一环，设定目标，并奖励成就。

6. 调整布局，优化公司的招聘、晋升和薪酬设置。创造更多机会让不同的人才可以一起工作。邀请不拘一格的演讲嘉宾来公司催化新思维。尝试让每一个新职位都能拥有灵活机动的工作方式。

7. 在公司内外宣传你正在做的事。

8. 重复步骤 1，直到形成可持续的自动化机制，并享受多元化带来的红利。

第七章

“全身心投入进去！”

几乎所有的成功人士踏出第一步时都有两个信念：

1. 未来会比现在更好
2. 我有能力实现这一点

瓦拉·阿什哈尔，赛富时首席数字媒体营销布道师

引自大卫·布鲁克斯，《纽约时报》

* * *

或许此刻你还没有成为一名首席执行官；或许你还在念书、在读大学；又或者你的事业刚刚起航，还在踌躇着如何从学校向职场迈出第一步。如果是这样，那上一章的内容可能会让你心生疑惑：如果多元化现在还是一个敏感话题，如果首席执行官们都还不知道该怎么做，那怎么能说是女性的好时机呢？

诚然，我们必须清楚地认识到职场还远不是我们理想中的样子。但同样重要的是，无论身处何种境遇，我们都有责任为自己的成功创造条件。“全身心投入进去”——每个人都要用这样的心态去发掘自己的潜力，去抓住并充分利用机会，跌倒了，也要让自己重新站起来，再试一次——这样才算是站到了起跑线上。但需要留意的是，这不是在鼓励大家变得具有攻击性。我们应当摒弃所有偏激的想法，不要认为“这事就我能管”“我说啥就是啥”“我绝对一举拿下”。希望大家都能抱着开放的心态，接受各种可能性。

作为导师，我带过的不少学徒来自不同的家庭、教育、种族、宗教和文化背景。每个人都面临过不同的挑战：有些人自己的志向和父母的期望相去甚远；有些人需要迈出勇敢而有争议的一步才能开始自己的职业生涯；有人拒绝了家里的包办婚姻；有人才 20 出头，就不断被家人逼着要成婚；还有人已经是两个孩子的母亲了，自己挣得比另一半还多，事业上也更有发展前景，却还在艰难地尝试与丈夫就家庭事务达成协作关系。以上提到的这些女性都是有能力、有个性、有远大抱负的年轻人。且不说专注于发展自己的事业，单是这些矛盾冲突，她们该怎么去调和呢？

每一次当导师，我都会先跟学徒一起制定出明确的目标。这些学徒一开始也和我当初一样，对个人的成功只有一个非常模糊的概念，所以我要求他们每个人都在脑子里快进 5 年：看看哪个版本的未来能让自己感到快乐和满足。这是一个很有启发性的练习。有一位年轻的姑娘把“结婚”列在了未来清单的第一项，但她告诉我，她从未向自己坦承过这个想法。直到那一刻之前，她都把自己看作是一个以工作为重的“事业女性”，为取得现在的成就也做出了巨大的牺牲。但那一刻，她惊讶地发现在职业生涯中取得下一个进步并不是她人生的首要目标。很显然，她需要重新平衡自己的生活，也需要重新燃起对工作的热情。你或许会惊讶，我并没有设法改变她的想法，事实上恰恰相反。所谓进步并不只有一条路可走，而是要为你想要的生活找到更多出路。

当我们埋头在自己的生活中时，我们往往不容易准确地评估自己的生活正在发生什么样的变化。从日常生活中抽离出来，不断花时间去有意识地审视那些对自己来说重要的事，这将有助于我们看清下一步该怎么走。当我离开效力多年的牛顿时，我完全不清楚下一步该何去何从，我需要时间和空间来重新思考。但我清楚地知道，工作中让我开心的是什么——能做好一份有意义的工作，同时还能推动社会进步——赚大钱、做好事，这就是最让我感到满足，也是最能实现自我价值的事。至少这是我在事业上对成功的定义。

如果你正处在起步阶段，或是你并不确定自己对成功的定义是什么，不妨停下来回想一下你所做过的让自己感到骄傲的事情，哪怕它在别人眼中算不上什么特别的事也没关系，当然它也可以是惊天动地的大事。但关键在于你的感受，那是一种成就感，是一种克服了困难或超越了自我预期的独特感受，而这种成就感你很少会在坦途上遇到。

当你身处当下，展望今后的发展时，这就是你应当去追求的感觉。你也必须意识到，过程中很可能需要你去承担一些风险。因为如果一直待在自己的舒适区里，我们就很难取得什么明显的进步。但只要从原点迈出一小步去拓展自己的疆界，只要一步步坚持下去，我们的成长一定会超出所有人的想象。回想当初，如果有人在我还是一个害羞笨拙的少女时对我说，有一天我会成为九个孩子的母亲、一家投资公司的首席执行官，并致力于推动性别平权，我一定会不知所措地对着那个人笑。

当然，这些事情需要时间的累积，不可能一蹴而就。当我告诉老板我怀上了第七个孩子时，他向我表示了由衷的祝贺，但从他的表情我可以看出，他还无法确定这件事对公司来说意味着什么。我试图安抚他，向他指出我们家不是“这次一下变出七个孩子的”。他笑了笑，说道：“确实，这么想感觉好一点。毕竟也只是 17% 的增长。”这么比喻或许不恰当，但事情得一件件应付——就像在我们家一次多一个孩子一样——专心处理好眼前的事才能应对挑战，拓展自己的能力，以迎接更多的挑战。

我不介意总有人问我，你是怎么做到“一切尽在掌握”的，不过现在你们应该也知道答案显然是因为“有别人的帮助”——与其说是有偿帮助，不如说是许多人的无私奉献。但我仍然不喜欢被标榜成“女超人”。首先，大部分时候我都并不觉得自己有超能力，我就是个普通人，也要在各种境遇中经历不安和挫败。更重要的是，“女超人”这个说法暗示了一些目标是不可企及的，因此会打击大多数人的积极性。事实上，我就是一个来自普通家庭的普通女孩，任何时候都不是群体中最聪明或最有才华的那一个。我这么说并不是在自谦。我所做的只是一点一点地拓展自己，去超出别人定义的常态，也超越自己的舒适区。我也非常能持之以恒。就像我老板在听到我即将要有第七个孩子时隐约提及的那样，哪怕最终的愿景看上去遥不可及，但每一个渐进式的改变都是相当具有可行性的。我已经学会了专注于脚下的那一步。不只是因为我家儿女数量众多，或者我每天要处理的家事有多庞杂；也不在于我的工作有多重要、多繁忙，无论是在生活中，还是在事业上，踏踏实实走好每一步才是关键所在。一系列小举动的叠加效应可以是巨大的——无论是正面的还是负面的。我们一会儿就来探讨一下，女孩和男孩在教育方面的微小差异会如何积少成多，成为有利或不利的因素，最终在他们进入职场时变成两性间的一道鸿沟。相较男性的职业生涯曲线，我们女性在这条路上总会时不时地出现一些微小的偏差。这些偏差微乎其微，几乎无法察觉，但日积月累，总有一天我们会突然发现自己已经明显落后了。但好消息是每一次的小偏差都是可以避免或纠正的。

多年来，我在逐步拓展自己的疆界。在此过程中，我越来越清楚我们的局限感通常都是自己强加给自己的，或是参照他人设定的标准而建立的。传奇投资人沃伦·巴菲特曾为《财富》杂志撰写过一篇精彩的文章，讲述了仅仅因为他是男孩，他所拥有的成长机遇就和他的姐妹们完全不一样。巴菲特简明扼要地总结道："我的起点就是她们可以企及的顶点。"而现在他说，"感谢上苍，结构上的阻力正在瓦解，但障碍依然存在：太多女性还在持续对自己设限，说服自己不去实现自己的潜力。"谈到缺乏自信的朋友，巴菲特说起了已故的凯瑟琳·格雷厄姆（Katharine Graham）。他说他曾告诉格雷厄姆："抛弃别人摆在你面前的哈哈镜，要从现实的映射中审视自己，现实的反馈对任何人都是公平的，无论男女。"我与巴菲特先生素未谋面，但抱着"试一试"的心态，有一次我提笔写信给他，邀请他加入 30% 俱乐部新成立的美国分会。令我惊讶的是，我收到了他的回信。他在信中阐述了性别平衡在他看来有多重要，还说道，他也将男女比例平衡定为伯克希尔·哈撒韦（Berkshire Hathaway）董事会的中期目标。他说，想到要以没有足够的时间投身其中为借口拒绝一位九个孩子的母亲，实在让自己汗颜，但他很乐意助我一臂之力。他还手写了一段可爱的附言，说他听闻我是个"了不起的人"。那一刻我意识到，30% 俱乐部的理念正在影响那些有影响力的人——这就是能让我深感满足的瞬间之一。

大多数人都会纠结于自己被扭曲、被贬损的形象，那是因为我们心中都藏着可怕的哈哈镜。在这种情况下，"先搭起架势，再练真本事"的方法就又可以派上用场了——具体来说就是要在取得成功之前，有意识地纠正习惯性的妄自菲薄。你不用真的"感到"自信，但你需要"表现"出很自信的样子。如果你看上去信心满满，就会让别人更容易信任你，而这反过来也确实有助于提升你的自信心。最终，你就不需要再"假装"有信心了。

2012 年，艾米·卡迪（Amy Cuddy）发表过一次精彩的 TED 演讲，讲的是如何通过肢体语言塑造自我。大多数人都会认同思维能够影响肢体表现这一说法；艾米却让我们看到，肢体也可以影响我们的思维。她提出了证据，证明只要在重要的面试或演讲之前拿出两分钟“摆出霸气的姿势”，就可以让我们的睾丸素水平上升、皮质醇水平下降（没错，又是这些熟悉的荷尔蒙）。通过调整肢体，我们可以建立一个更自信、更“成功”的自己。

神奇女侠的霸气姿势

卡迪在观察商学院的学员时发现，有些人是“典型的社群首领”，总是占据教室最中心的位置，“并有将势力范围向外扩张的迹象”；而另一些人则是在走进教室的那一刻就“几乎隐身”了。卡迪还发现，这些差异与性别有关。女性总是容易畏缩，而男性却容易膨胀——这种情况我也见得多了。卡迪在从事她的研究时，商学院正为男女学生的分数差距伤透了脑筋。MBA 课程在入学时，男女学生都要满足同等的标准；但课程结束时，女生的成绩却要低于男生。这种差距很大程度上要归因于女性在课堂上的参与度较低。因此卡迪开始探索，能否让她们通过模仿来提高自信，从而提升参与度。

她的实验展现了令人信服的结果。在实验中，实验对象被要求摆出某些姿势，随后再去经历艰难的工作面试。实验证明在面对重要的场合时，只要在临上阵前摆出“神奇女侠”的霸气姿势，并保持两分钟，就能让我们发挥神勇。

然而，卡迪自己的人生故事才是起决定性作用的论据。她在 19 岁时遭遇了一场可怕的车祸，头部受伤，严重影响了她的智商，进而摧毁了她的自信。最终，相比于同龄人，卡迪大学毕业晚了 4 年。随后，她在“天使顾问”苏珊·菲斯克（Susan Fiske）的帮助下去了普林斯顿大学。在那里，她要面对的第一个挑战就是要在同学们面前完成一次 20 分钟的演讲。演讲前一夜卡迪打电话给苏珊，说自己不行，根本不应该来普林斯顿，自己就是个冒牌货。但这位知己却告诉她，“你必须搭起架势来，你要硬着头皮去做好每一次演讲，不断重复，不断重复，直到有一天你会对自己说，‘我的天哪，我做到了，我真的做到了。’”这个故事更精彩的部分还在后面——艾米说后来她发现有位同学跟她一样不够自信，于是她就用类似的方法帮助了那位同学。

我也有过相似的心路历程，尽管不像艾米的经历那样跌宕起伏，但我也是从害怕站在台上慢慢变成可以真正享受舞台。以前在大型演讲之前，我常常会感到生理上的不适，这势必也会影响我的发挥。我无法调动肾上腺素，让它们发挥作用。第一次上电视的时候，我的眼睛一直在明显地抽搐。唯一的解决方法就是不断地上台，不断地演讲。现在每当遇到那些重要的时刻，我多数时候都能抱着期盼的心情，把它们看作是交流的机会，让人能对我的想法感兴趣，同时也看看他们的反应并向他们学习。这种改变始于我将重点从考虑自己的感受转向了观众的视角。如果我想要引起台下每个人的共鸣，我该说些什么呢？如何才能让他们享受我的演讲，如何才能让他们吸收到一些想法，而不只是出于礼貌坐在那里倾听？经过不断试错，我发现演讲时必须脱稿才能让听众真正投入进来。演讲前我还是需要先打草稿，这样才能理清结构和内容，然后我就会把讲稿抛到一边。就是从那时起，我从一个一般般的演讲者蜕变成了一个备受追捧的演讲家，而这并不是巧合。当然，我时不时也还是会搞砸，但现在我会把这些看作是学习经验，而不是让我退缩的理由。当我需要拓展自己的领域时，我也还是会感到紧张——2015 年，我很荣幸地被邀请在皇家阿尔伯特厅女子学院成立 100 周年的盛会上发表演讲，但当我从侧台望到会场超过五千名观众时，真的很难不逃走。

在其他人身上我也看到过大致相同的模式。我曾在不同的场合目睹一位年轻的分析师向同事做简报，我觉得她是个不错的讲者，所以想让她在我们的年度客户研讨会上发表演讲。起初她显得很起劲，但第二天她来见我，说她觉得很忐忑。她之前从未有过上台发表演讲的经验，不确定自己能不能做好，也怕让所有人失望。虽然她也很感恩能有这个机会，但她觉得我是不是该另请高明。我问她是否想过要试一试，我说我们会确保她有足够的培训和练习，但如果她还是觉得很紧张，随时可以退出，哪怕是在正式演讲的前一天也没关系，我会准备好应急备选方案。后来，她经历了比其他同事都要久得多的训练，也完成了一次一字不差的排练，最后她自然成了那天会上的明星。当我事后去祝贺她时，她感谢我当初没有让她放弃这个机会。她把自己推出了舒适区，并且学到了新的技能。在之后的岁月中，她成了公司里最受尊崇的演讲者之一。

在最近这些年里，我有更多机会去近距离观察一些拥有超级权威的人士——包括总理、政府部长、首席执行官和其他有巨大影响力的名人。他们平时要征战的场面对一般人来说可能光是想象一下都要崩溃了。虽然他们已经习惯了发表演讲，并且常常可以做到无懈可击，但我也看到过他们在侧台备场时的样子。我可以负责任地向大家报告，每个人都有弱点，也有自己的应对机制、盟友和后盾支援。即便是那些笑着说“我从不紧张”的人，在上台前也会有自己的小仪式。他们在许多方面就和你我没什么两样——同样想要得到认可，也同样会感到作为人类的脆弱。在某次电台采访中，披头士乐队的保罗·麦卡特尼爵士（Sir Paul McCartney）曾透露，约翰·列侬也会不自信。他还说他自己不敢看评论：“你一定不要去看那些评论，因为第二天你还得去别的地方演出，如果你看到了一些不好的评论，那你走进场地时就会觉得自己不够好，因为发表评论的那个人认为你不够好。”麦卡特尼坦言，“这很可悲，真的。我认识许多有名的、很有成就的人，他们也会这样。”

我们都需要有一两个知己。或许即使有了他们的鼓励，你也不能确定自己一定能成功，但至少你不会在焦虑时丧失行动能力。你会开始发现，时而感到脆弱也没什么大不了——事实上，这是成长中必经的过程，当我们拥抱新的机遇时，就难免会有这种体验。

之前我提过我的女儿克拉拉。她有一颗善良的心，也是我见过的最乐于奉献的人之一。不过她也十分优柔寡断，全家人一起去吃披萨的时候，我们会让她事先在网上浏览一遍菜单，这样到时候她就能早点做决定，也就不会耽误大家点菜了。在学业上，她也无法决定毕业后是不是要去艺术院校进修。因此，我们就要替她竖起一面现实的镜子，让她看到大家（不只是家人）是如何看待她的才能的，同时也要尝试通过不同的路径来帮助她做决策。她在一所知名学府报读了一门艺术课，令她惊讶的是其他学生也都对自己的未来感到迷茫。“我没想到其他人也会如此不确定。”克拉拉说道。通过我们的帮助，希望克拉拉在 17 岁时能认识到，即便她有可能做出所谓的“错误”决定，哪怕她的抉择会让她浪费一年时间，但以长远的眼光来看，这并不会造成什么严重影响。此刻她只需要专注于尝试某件事，并在经验中体会自己是否喜欢这件事。

经济上的拮据确实会限制我们进行尝试的可能性，但或许我们依然可以去试探自己究竟有多渴望某样东西。作为教师的女儿，我理想职业的第一选择——律师——并不那么容易企及，因为选择这个职业意味着在刚毕业的那几年收入将十分微薄，甚至没有收入。尽管如此，我还是找到办法体会了一下在经济拮据的条件下，自己究竟有多渴望走律师这条路。我找到了一个为期一周的“迷你实习”，并在假期尝试读了一门短期的法律课程。好消息是，这些经历足以让我知道律师并不是我的天职。

显然，如果你享受做某件事，那你很有可能是擅长这件事的。对我来说，大学是比中学要快乐得多的一段经历，一部分原因是我在大学主修的是哲学，这门专业吸引了许多不同背景的学生——不同性别、文化、性取向和种族——这让我能有一个非常多元化的朋友圈。事实证明，对于 18 岁的我来说，哲学是我最需要的。哲学扫除了我不动脑筋的预设，要求我用严谨的方式来处置问题，并鼓励我进行横向思考。哲学是一部伟大的均衡器：没有人拥有标准答案，但每个人都可以为思想的演进做出贡献。合乎逻辑才是最重要的事。这种严谨的规范鞭策我永远不要以表面价值去认识事物，也不要害怕去挑战既定的共识。不过，哲学并不是一个就业选择面广的专业。事实上，当我在报考哲学系的时候，我的父母就给我看过报纸上的一篇文章，上面罗列了各个专业的就业前景排名，哲学排在倒数第一。但我对这个专业实在感兴趣，而我的父母也尊重了我的选择。我和理查德在对待孩子的问题上也一直采取这样的态度。我们每个人都各有不同，能找到一个让你兴奋的天赋或学科是非常难得的事。能被鼓励尽可能地去发展这项兴趣，去实现更高的目标，更是一件幸福的事。无论你做什么，都不要单纯因为它看上去会给你带来一份“安稳”的事业而选择一个你不感兴趣的领域——因为你很有可能不会从那份工作中获得乐趣。

因此，我还是建议你要敢于去冒险，去尝试，去拓展自己，哪怕这可能会让你觉得不自在。让我来分享一下我读书时的一段经历，是这段经历让我明白了克服天生的抗拒和对失败的恐惧是多么有价值。

我第一次真正理解到身为女性可能会给我带来某些挑战是在我上

中学的时候。16 岁的我上的是男女合班制高中，但在我选修的数学课上，全班只有我一个女生，课上的两位数学老师也是男性。我很快就体会到了“与众不同”所带来的难处，我不仅被冷落，还要被无情地取笑，尤其是在我答错题的时候，我偏偏又经常答不对。于是就形成了一个恶性循环：压力越大，我就越不自信、越慌乱，进而导致学习成绩变得更差。到第一学期结束的时候，我感到既绝望又孤独。父母鼓励我换一个选修科目，我犹豫了。因为我知道造成这个结果的一部分原因是我丧失了信心，我需要打破这种恶性循环。

我选的这门课由两部分组成，我们要学习数学和高级程度会考中的高等数学。高等数学的课程中有十二个课题，其中六个相对简单。但正因为课题简单，考官会设计难以预测的问题，以测试出大家对每个课题的真实掌握程度；其他六个课题在大家看来比较难，但考试的问题却相对固定。考试时每个考生只需要解答六道题。于是我想到了一个可行的办法：如果我能掌握那六个比较难的课题，我就能预估考题，并保证答对。

对于一个在班里成绩垫底的学生来说，这个计划的野心或许太大了，但它还是奏效了。我一次只攻一个课题，直到掌握全部六个课题。我的新策略和逐渐取得的成果让男生和老师对我刮目相看。我开始渐渐得到集体的接纳。除了我个人的成就之外，我也注意到我们这个数学班上的氛围发生了改变。在这个为期两年的数学选修课上，班上的同学一开始都很好斗，没人会去帮助别人。哪怕有些题大家都不会解，也不会有人想要一起想办法。但渐渐地，我们班开始变得更有合作氛围了。我们开始享受在一起学习的时光，还相互激励，争取更多的成就。我们学校已经有很多年没有人考取过牛津或剑桥了；但那一年，我们有五个人金榜题名。

这段经历让我收获了自信，但更重要的是我学到了在看似不利的情况下寻找出路的方法。事实上，当我们想要在职场上实现自己的潜在价值时，这也是最重要的技能之一，在平时生活中也一样。任何职业道路都不会是一条扶摇直上的云梯，而更像是一个迷宫。无论男女，都会在迷宫里兜兜转转，学习如何克服人类天生的胆怯和想要逃避的冲动才是至关重要的。当你身处迷宫之中，只要你步履不停，哪怕似乎一直在走冤枉路，也一定会到达终点。我和女儿芙洛一起走过好几次迷宫，每次都会给我带来有力的触动，提醒我们只要坚持，就一定可以到达目的地。

想要到达终点我们就必须坚持留在迷宫里。中学的经历过去很多年后，戴维斯勋爵为了考察女性进入董事会计划的推进情况，组织了一项调查。有超过 2600 人参与了问卷调查，其中约 90% 是女性。当受访者被问到“请详述你在职业发展过程中克服具体问题时采取的措施”时，最常见的回答是“我选择离职”。以我早期的从业经验来看，有时候这确实是唯一的出路，但这绝不应该成为我们既定的选择。如果我们遇到问题就弃船，而不是学着去跨过障碍，那情况就永远不会有所改变。举一个具体的例子，在英国，每个家庭有大约三分之一的收入都要用来支付托儿所或育儿保姆的费用，如果对你来说育儿成本太高，那不妨去和老板好好谈谈这个问题。我见过不少管理者其实根本没算过这笔账，只要他们算一算，或许就会想想办法，而不是眼看着女性因为上班赚的钱不够雇人照顾孩子而辞职。如果你的职业潜能只存在于空谈中，而在现实条件下不具有可实现性，那你就需要做出判断了——我会考虑的是：公司的文化是否适合你的发展，你有没有盟友可以帮助你晋升，还是你只是在孤军奋战，那你就要想想是不是该另谋高就了。

相较尝试后遭遇失败，更多人会因为没有去尝试而感到懊悔，这样的例子我见过不少。不过，在我们开拓未知领域的时候，也确实需要应对无法预知的后果，这样才能认识到自己的短处，而不是被命运击沉。一路走来我都在不断试探自己能力的边界，有些时候我也会意识到自己过载了。2013 年 3 月，时任副总理的尼克 · 克莱格（Nick Clegg）请我对自由民主党内部的工作流程及党内文化进行独立调研，并提出改革建议。这次调研是由一系列引人注目的指控引发的。这些指控称，该党未能就针对前党首的性骚扰投诉采取行动。对于这件事我的态度是能帮就帮，况且我对党内文化的研究尤为感兴趣。

当我开始为调研搜集证据时，我很快意识到问题就出在文化意识形态上——不仅是自由民主党内部的文化，而是整个政党政治环境中共通的问题——甚至比企业界中存在的问题更尖锐。政党政治在本质上是与个人权利及意识形态的强大力量交织在一起的。强烈的共同信念加上议会政治中的公开竞争造就了与企业界不同的环境。当我在第一家公司因为没有获得晋升而感到失望时，我可以选择离开，换个地方工作，找一家更适合我的公司。但如果同样的情况出现在政界——在唯一一个与自己意识形态信念高度契合的政党内部，职业生涯刚起步却发现这个政党让我失望了，那我恐怕很难在别的政党那里找到新的机会吧。

当我近距离观察政界的问题时，我采访了那些整个职业生涯、交友圈，甚至家庭生活都与某个政党密不可分的人，这实在是令人窒息的体验。那些为有权势的政治家工作的年轻学者、实习生和志愿者都明显处于弱势，而这种悬殊的权力落差令人感到不安。而且，政界的雇佣流程往往不像商界的那么正式且能保护被雇佣者——后来政府被曝光的秘闻也证实了这一点。我需要进行一次全面的调研，听取每一个经历过霸凌和骚扰的人的说法。与此同时，我也不能让这次调研工作对我的本职工作及家庭生活造成过多的影响，所以我只给了自己六周时间来完成它。这是一项艰巨的任务，我单枪匹马，承诺为所有受访者保守秘密。我每天凌晨 3 点起床，周末也马不停蹄。但这无疑还是损害了我的身体健康和家庭生活。当我缓过来之后，我知道以后遇到其他的重大任务时绝不能再轻易接手了。

在我们试图鼓励下一代时，父母、老师和导师都要掌握微妙的平衡。尤其当下，女性拥有比以往更好的机会时，我们不想让女孩们气馁，但我们也不能让她们觉得一切问题都已经解决了。我在很多学校都发表过演讲，其中最出色的一次活动是由惠灵顿公学举办的。这是一所男女合班制私立学校，当时的校长是安东尼·赛尔顿爵士（Sir Anthony Seldon），他是一位富有创造性和启发性的校长。惠灵顿公学邀请了当地其他六所学校的六年级女生共同参与一个名为“顶尖女孩”的论坛。论坛上发言者的坦诚令人尤为印象深刻。贯穿一整天的演讲传达着同一个讯息：摆在女孩子们面前的是绝好的机会，但女生也必须认识到，世界远不是完全平等的。但也不必小题大做、畏首畏尾，而是应当建立起人们的认知，这样才能帮助他们做出正确的决定，而不会一遇到挫折就倒下。有一位女校长也在发言中指出，有些事看起来还很遥远，但如果这些女孩认为自己以后可能会想要生小孩，那她们在择业时就需要考虑这些。她这么说并不是要打压女孩的积极性，叫她们不要在自己选择的行业中勇攀高峰，而只是提醒她们留意其他方面的人生抱负。划分决策很容易，但其实每个决定都是相互关联的。

一位男性高管曾向我抱怨说："年轻人似乎不仅仅想要一份工作，他们想要的是史诗般丰富的经历。"我认为期待人生有精彩的旅程是件好事，也鼓励大家创造自己的传奇经历。所有的职场女性，无论职位高低，对工作的期望都不仅限于薪酬和升职，她们在意工作所赋予的使命。许多女性在生完孩子后对这一点的感受尤为强烈——毕竟对于母亲来说，不工作的时候就在带孩子，而育儿这项工作是很难让人获得满足感的。如今有证据显示，新一代的意识更为超前，年轻的男孩女孩都想要"有意义"的工作，要求雇主的价值观和他们的保持一致，并追求生活的平衡。

我曾问过我的孩子，假设让他们思考成年后的生活，哪三个标准对他们来说是最重要的。所有人都认为"能做出一些带来积极改变的事"和"能花时间陪伴家人"是最重要的两项。而大家的第三个标准就各不相同了：有人选择了"工作和生活的平衡"，有的说"要发挥自己的智慧和创造力"，还有人希望"充分发挥自己的潜力"。然而在我给出的九个选项中，没有人选择将"赚大钱"或"成为人上人"作为自己人生的三大目标之一。

从 2015 年到 2016 年，30% 俱乐部进行过一项研究，其中将近两万一千名大学生给出的答案与我孩子的回答非常相似。大家对于这一代年轻人的评论都集中在他们所出现的问题上：社交媒体带来了不安和压力；与前几代人相比，他们踏入职场时经济方面存在着许多不确定性，其中包括他们要承担的巨额学生贷款。这些都是实打实的挑战，但现实中的情况还远不止这些。

2014年，剑桥大学现代语言专业的一名年轻的本科毕业生海伦娜·艾克勒斯（Helena Eccles）向我提出过一个想法，即她想研究当下学生对自己职业前景的看法。海伦娜聪明过人，也有雄心壮志，但当她在间隔年中为一家老牌传统公司打工时，她很快就意识到女性要面对的职业障碍，这让她颇为震惊（听上去是不是似曾相识）。这个与我同名的年轻人怀疑，在毕业生刚开始踏入职场时努力为女性争取职场地位可能已经太晚了——因为她们早先的实习经验，以及媒体和其他渠道的信息所塑造出来的认知，都已经在影响她们的职业选择和野心了。

30%俱乐部在剑桥大学开展了一项试点研究。超过一千名本科生（其中42%为男性）完成了一项深入的问卷调查，问题有关他们想从生活和事业中获得什么，以及他们对机遇前景的看法。我们想要看看男生和女生在展望未来时有什么共同点，而在看待职业前景时又会有什么不同的观点。

“工作与生活的平衡”以超过90%的高分成为大家一致看重的高优先级问题——不过在我上学的时候这个词还没有被创造出来。需要说明的是，这次的调查不是在大街上进行的，也没有通过电话采访的形式，没有外界压力迫使学生要去选择“体面”的野心，他们都是在私下完成这份问卷的。

剑桥大学男女学生的观点只在一个问题上出现了很大的差异：超过半数的女性表示，面对以男性为主导的行业，比如金融服务业和管理咨询类行业，她们在申请工作时会有所迟疑。因为她们认为在这些行业中，自己的职业前景可能会受到限制。但只有18%的男性表示他们在进入如教育业和零售业等“女性主导”的行业时会有所迟疑。

当然，剑桥大学的样本不能代表所有大学生，所以我们扩大了研究范围。这一次，来自英国和爱尔兰的 21 所大学的超过两万名学生参与了调研，他们来自不同的学科专业，有着不同的社会背景。同时，我们还将试点研究中的一些问题进行了深化。

和我们在剑桥看到的结果一样，大多数女生（55%）表示，在面对“男性主导”的行业时，她们会犹豫是否该去应聘。扩展后的问卷让我们了解到，这些年轻女性即使对自己的能力有信心，但是在正式开始工作之前，她们也不相信自己能在任何领域获得长足的发展。只有 42% 的女学生相信性别不会影响她们的职业发展或薪资水平，而在男学生中给出这样答案的人占到了 72%。这与实际工作环境中的男女给出的答案很相近：在“28—40 调查”中，只有不到一半的女性受访者相信企业中同一级别的男性和女性收入相仿，给出同样答案的男性受访者则占到四分之三。男女不仅在薪资水平上有差距，在对两性差异的认知上也存在差距。

30% 俱乐部针对大学生的调研证实了如今大学中的绝大多数（93%）年轻男女都想寻找一份“能有所作为”的职业。与过去相比，这是一个巨大而可喜的转变。当初我们这一代人对于冒险和旅程并没有太多期待，而是更专注于为自己赚钱。在今天，我相信我们不需要在利润和使命之间做单选题了——从长远来看，能在商业上保持成功的都将是那些具有强大价值观的企业。明智的企业已经捕捉到了这一点，并正在追求跟下一代的价值观保持一致。

在这个充满巨大变革和不确定性的时代里，年轻人可能会对自己的未来感到担忧。这是可以理解的，但他们也应当意识到自己的力量。除却其他所有的优点，坚韧的价值观现在也是很受重视的。数字方面的特长也备受追捧——那些伴随着科技一起成长起来的年轻人可以帮助企业理解新的行为模式。正如我们之前提到过的，与众不同之处可以成为你的优势，但你必须要下功夫“经营”它。最重要的是不要让任何先入为主的观念阻碍你去做你真正想做的事，或是让其以任何方式削弱你的雄心壮志和期望值。我们可以主动拒绝那些预设的限制，但我们必须有要去应对这些限制的意识，以确保自己可以成功。要相信自己不是一定会受到不公正的待遇的——事实上，随着各种强调性别平等的努力，我们有足够的理由保持乐观并志存高远。

不过现在的许多年轻女性已经跨过了这个起点。当我在与中学、大学、商学院的女生，以及与商界初入职场的女性对话时，我总会被问到一些相似的问题。以下就是最常出现的十个问题：

1. 你觉得人们会因为你是女性而对你做出一些预设吗？遇到这样的情况时你会怎么做？

2. 怀孕生子在职场上依然是个问题吗？产假该休多久？选择弹性工作制是不明智的吗？

3. 你是如何平衡工作与生活的？全靠你丈夫帮忙吗？

4. 你会担心失败吗？

5. 如果身边没有伯乐，或者甚至都不知道自己想干什么，该如何开启职业生涯？

6. 你认为在男性主导的行业里取得成功是很困难的吗？（有时候会有人反过来问：你认为有时候你获得机会是不是因为你的女性身份？）

7. 如何在加入一家公司之前了解他们的公司文化？如

果遭遇性骚扰或性别歧视，你会怎么做？

8. 有没有导师这件事重要吗？你有过导师吗？现在还有吗？

9. 依你之见，女性是否往往不支持其他女性？

10. 你认为男性和女性一样需要做出改变吗？

面对这十个问题，我能感受到一股暗涌的焦虑贯穿其中。总体传达出来的信息不是“我很不错，请告诉我如何抓住机遇”；大家都倾向于“请告诉我如何避免失败”，而不是“请告诉我如何成功”。这两者间的区别有着至关重要的影响力，是要试图避免犯错，还是想要决胜千里，我们表现出的行为将截然不同。这些问题反映出当代女性的现状，她们表现出的更多是不安，而不是兴奋。她们忧心忡忡，所以虽然我心中有更希望她们提问的问题，但我还是要试图解答她们内心真正的疑惑：

1. 你觉得人们会因为你是女性而对你做出一些预设吗？遇到这样的情况你会怎么做？

是的——尽管现在相比 30 年前已经少多了。人们总是容易将自己的期望投射到别人身上——通过一个人的投射往往最容易了解这个人的想法。例如，因为我是一个“有全职工作的母亲”，别人可能就会认定我不想挑战新的职位，哪怕我真心对这个职位感兴趣且有能力胜任。问题是根本不会有人来跟我讨论这件事——哪怕我已经竭尽全力不让自己落在别人给我设定的形象里，也曾冷静且清晰地向人们澄清过我的想法。我尝试着去投入，而不是抵制，努力让别人看到我不同的侧面——慢慢地，我发现他们确实也看到了。我也试着尽量对事不对人，你要理解，一个人的行为可能是他一生日积月累习得的结果。你老板可能自认为已经很照顾多元化的人才了，但他依然需要“摒除”长期形成的定式思维。你要做的就是帮助他摆脱旧习。

2. 怀孕生子在职场上依然是个问题吗？产假该休多久？选择弹性工作制是不明智的吗？

如果你觉得在得知团队中有重要成员怀孕时，有人可以做到心中不起任何波澜，那你就太天真了——哪怕有时这种不安只是因为人们会挂念暂时离开的伙伴。但面对任何人对你未来计划的假想，你都可以先发制人地进行声明，告诉上司你依然是斗志满满的状态——甚至也可以谈谈你是否需要在工作时间上进行调整。雇主不能要求你将自己的打算和盘托出，但你可以主动告诉他们。如果你改变了主意，那也没有关系。但永远不要漠然置之，让别人去猜。在处理此类情况时，我的两个同事就给出过完美的答卷：她俩各自来见我，表明即将成为母亲这件事不会改变她们对工作的热忱，在表达这一点时她们充满人情味。她俩也都说服我，要在工作上依然持续不断地给她们分派新的、有趣的挑战，直到她们去放产假。休产假时她们也和公司“保持联系”，回来之后又继续在工作中不断取得进步——不管她们是否需要弹性工作时间。她们的另一半也请了陪产假。这一切都非常具有“当代性”，也非常自然。产假的长短没有对错可言——这是一件因人而异、非常个人的事。我建议你不要害怕做出对你和你家人来说正确的选择。但随着计划的演进，你也需要与你的雇主保持沟通。

3. 你是如何平衡工作与生活的？全靠你丈夫帮忙吗？

平衡对于不同的人有着不同的意义。从许多方面来说，我也还在努力——因为我既热爱家庭，也热爱我的工作。我的母亲说我总是选择“难走的那条路”，但我认为更准确的说法是我没有选择更轻松的那条路。比如说，如果不要这么多小孩可能会更轻松，但也会少很多乐趣，少一些兴奋和幸福。我的生活中会有一些奇奇怪怪的瞬间：比如平常人家的衣服只要分深色和浅色两缸洗就好了，但在我家我遇到过单单橙色衣物就要洗一缸的情况，当然还有别的颜色；为全家人度假收拾行李也是一项挑战，光是人字拖就要带 11 双……但相比大家庭的乐趣而言，这些都是小问题。因此重要的是我们要把工作也看作是生活的一部分，而不是把它从生活中剥离开来对待——毕竟生活中那么多时间都被我们用在了工作上。

科技是一个有力的帮手。我刚开始工作时还没有互联网，也没有手机，想要在办公室之外与人保持联系是很难做到的。当然，我们现在的问题是很难有不在线的时间，但至少从理论上来说，工作的灵活度是大大提升了的。虽然在实际工作中，很多企业仍然保留着出勤文化——迫使员工一定要到办公室来，坐在办公桌前。因此我们需要让大家看到，无论我们身在何处，都能把工作做好，拿出成绩来才是最重要的。对此我是越来越有信心的，但我知道我们依然需要不断向世人证明，灵活的工作方式有助于提高我们的工作效率。

其次，我们需要搞清楚什么对我们来说才是真正重要的，并捍卫自己的底线。以我的家庭来说，我认为尽量回家吃晚饭是很重要的。如果有两三天的时间我因为出差而无法做到这一点，我就能感觉到家里的氛围会受到影响——他们会感觉不安定，我自己也会不开心，孩子们会神经紧张，就连最有耐心的理查德也会显得力不从心。

4. 你会担心失败吗？

我也是普通人，所以当然，对失败的恐惧是必然存在的。但我已经学到了一点：生活中每天都会经历许多胜利和失败，正如鲁德亚德·吉卜林（Rudyard Kipling）在他动人的诗作《如果》中写道的：我们需要做到“宠辱不惊”。只要我去做，就有可能失败。下面这个例子或许无足轻重：最近我为一大家子人做了一次午餐。我想做的是巴普洛娃蛋糕，一种蛋白水果蛋糕，这是少数我能轻松完成的菜式之一，有时甚至都不用女儿们来帮我忙。但这一次，我试了三次，耗费了 24 个鸡蛋的蛋清，才做出一个勉强可以吃的蛋白酥皮，之后那一周我们用这些鸡蛋的蛋黄做了许多次炒蛋……但因为卖相实在不敢恭维，所以我只好把蛋白酥皮、草莓和奶油搅碎，混合在一起，把原本的巴普洛娃蛋糕变成了“伊顿麦斯”。在前两次尝试失败之后，我的心态完全崩塌了，我开始小题大做：将失败的蛋白酥皮看作是生活中所有失败的集中体现。但正如理查德事后跟我说的那样，这件事提醒我们正确应对失败是多么重要，无论这种失败是大是小。

5. 如果身边没有伯乐，或者甚至都不知道自己想干什么，该如何开启职业生涯？

你需要实用的帮助，不要害怕求助。哪怕在你感兴趣的领域里你和你的朋友及家人完全不认识任何人，也总还是有机会能寻出门道的。你可以主动给人写信，尤其要彰显自己的不同之处。如果你是家里的第一个大学生，也可以把这一点讲清楚，把这变成自己的优势，而不是绊脚石。你也可以看看学校能不能为你牵线搭桥，找到业界的人来学校聊一聊。在英国，确实是有类似“学校讲者联盟”（Speakers for Schools）这样的得力组织可以帮得上忙。我也曾去学校做过演讲，也有许多年轻人在事后会给我写信，非常明确地请求我的帮助。我很喜欢他们像这样采取主动的方式，而且能帮的我都会帮。许多公司的培训生计划也是你获取首次突破的好机会。我们都需要有人能在从业之初就给我们机会，而关键就在于你要能证明自己拥有企业现阶段还没有的东西。

6. 你认为在男性主导的行业里取得成功是很困难的吗？（有时候会有人反过来问：你认为有时候你获得机会是不是因为你的女性身份？）

以我的经验来看，这确实是一把双刃剑。在以男性为主导的行业里，哪怕你的同事根本没有想要孤立你，你也可能会感到孤独、被排挤，但同时你也可能显得更出挑。我不会劝阻任何人去追求他们的梦想，哪怕那个行业刚好是由男性主导的。但你要意识到不是有能力、够努力就一定会被看到，你要有意寻求机会去创造正面的影响。无论你做什么，不要只是试图“像个男生一样”。

我确实会担心“反向特权”可能带来的风险。我们不应该为一个才华不济的女性而去忽视一个才华横溢的男性——如果有企业想这么做，那就意味着这个企业的领袖或其他负责挑选人才的人，没有认真考虑过鼓励多元化的终极目的是什么。单单因为一个人的性别、种族或性向——比如只因为他是白人异性恋男性，就将他排除在外，那我们就等于退回了原点。总的来说，我们应当尽量减少对个人“身份”的强调；而当下，我们也不得不“点名批评”那些偏袒“不正确身份”人才的人。因为用一种不公平来解决另一种不公平是没有意义的。

7. 如何在加入一家公司之前了解他们的公司文化？如果遭遇性骚扰或性别歧视，你会怎么做？

要从外部准确判断一家公司的企业文化确实不容易，你要去寻找线索和佐证。你需要尽量多问几个人，不仅要问那些来面试你的人，最好也去问问刚进公司的新人。你还要广泛阅读，看看大家对这家公司怎么说。但对于那些匿名的评论，我一般都会秉持怀疑的态度。提问时你可以直截了当一些："你会如何形容这家公司的企业文化？"如果不同人的回答大体上一致，那是一个好现象，说明公司是言行一致的。如果答案与你的价值观相符，那就没什么好犹豫的了。当然不排除公司里总会有一两个"反叛"的员工，但只要企业文化的核心够强大，那主流就会占上风。

但如果最终现实与预期之间有很大差距，那我的建议是快速吸取经验并开始新的征程。但如果你切身经历了性别歧视，比如当你意识到自己比同工种男性的薪酬低，又或是你受到了骚扰，那你一定要说出来，而不只是一走了之。现如今，人们发声是会被听到的，你有自己的声量。当你挺身而出时，你不仅能改善自己的境遇，还能帮到别人。

但如何挺身而出所反映的问题是很重要的。从哈维·韦恩斯坦（Harvey Weinstein）丑闻引发的声势浩大的"# 我也是"（#MeToo）运动或许已经能让我们清楚地看到，性骚扰不是某个男性、行业或国家独有的问题；但如果你在工作中遇到了具体的问题，发个推特或许并不是最好的解决办法。你必须在事件发生之后迅速采取行动，必须遵照程序。这通常意味着你要先将问题报告给你的经理（除非他们就是肇事者）或是人力资源部，要求他们展开公正的调查。这可能会是一个令人不安的过程，但如果你的投诉成立了，劳工法将会保护你。没有一个正经的企业会掩盖这种事件——尤其是已经有那么多处理不当的案件经媒体曝光后造成了更大的负面影响。如果你觉得没有人在认真对待你的问题，那你可以利用企业自身的申诉程序起草一份正式的投诉信。如果这依然不奏效，下一步就是诉诸劳资仲裁。这听起来或许令人生畏，但其实网上都有免费的咨询建议，而且只要迈出启动申诉程序的第一步，往往最终都能得到令人满意的结果。

常常会有人问我，在劳资纠纷中启动法律程序是否会影响未来的就业机会。我要再次重申，只要申诉和索赔都是合情合理的，就不存在这样的问题。这里给大家举个例子：十多年前，一位资深女高管起诉她效力的投资银行，指控公司存在性别歧视和薪酬不平等的问题。她向公司索赔 750 万英镑。该诉讼中的一个关键事件涉及她在公司的私人飞机上被要求为男同事倒酒。但仲裁法庭发现，她坐的位置恰巧是离酒瓶最近的地方，任何坐在那里的人都会被要求做同样的事情，这就削减了性别的成分。因此，保持清醒的洞察力和判断力是很重要的。她最后输掉了官司。不过那次诉讼之后，每当我开会时站起来去倒咖啡，现场总会有男士忙不迭地站起来抢着帮忙。

8. *有没有导师这件事重要吗？你有过导师吗？现在还有吗？*

正如我们所见，拥有盟友和能给你出主意的人是非常重要的。他们不一定非得是正式的导师。斯图尔特 · 牛顿应该算是我早期的导师，但我们并没有正式的师生关系。寻找一个比你年长的人，至少一个，这个人必须是你能信任的，会以你的利益为重的，而且是你能听得进去他讲话的。直到现在我身边依然有这样的存在，遇到问题的时候我就会想到他们。罗杰 · 卡尔爵士就是其中一位，他总是为我想得很周到，也愿意付出时间。他和我的其他几位良师益友都在我面对变化的时候给过我有效的指导。说到底，虽然生活要由你自己来引领，但有人能帮助你看清自己并认清现实是非常重要的。

9. 依你之见，女性是否往往不支持其他女性？

以我个人经验来看，蜂王综合症——也就是一位女性想要独占所有关注的情况现在并不多见。我的女性导师，已故的海伦·亚历山大女爵就曾令我受益匪浅。她生前是经济学人集团的首席执行官，《经济学人》杂志对她的形容是“拥有安静的智慧：善于倾听但不好为人师”，这一点我可以作证。在我离开牛顿，还没有开始新工作的时候，海伦就曾约我见面。在聆听了我正在探索的几个意向后，她给了我极有远见的建议。她对我的能力很有信心，并坚定地认为如果新机会不能充分发挥我的这些优势，那我就不该“将就”。海伦帮助我对未来下定了决心。她愿意全心全意地帮助我，我也将永远对此心存感恩。

有数据证实，商界的成功女性的确会照顾自己身边的女性同事。瑞信研究所的“性别3000”调查研究明确指出：“当公司首席执行官为女性时，任命女性为首席财务官的可能性会高出一半，而让女性成为业务部门主管的可能性也会高出55%。”

“女性不会相互提携”的偏见或许源自一些资深女性不愿意参与任何看起来像是平权运动的活动。我也留意到了这一点，并认为这很可惜。但我能够理解她们的初衷，因为在过去的理念中，平权是一个“女性议题”，而不是业务问题。随着平权议程的演进，其中一些女性的参与度也有所提高；另一些也承认她们认为平权会在自然而然中取得进展。玛乔丽·斯卡迪诺夫人（Dame Marjorie Scardino）是富时100强公司中的首位女性首席执行官。她为公司效力了15年，2012年卸任时，她说：“我曾经想，当我离开培生时，当上首席执行官、董事长或董事会成员的女性数量应该会大不相同吧。但事实上，这些数字并没有发生太大的变化。对此我深感遗憾。”玛乔丽夫人透露，

"我一直都认为，单纯为了追求性别平等而让女性加入董事会是不会有帮助的。"我希望到现在为止，大家都已经清楚地认识到我们30%俱乐部从来都不仅仅是为了数字在努力。

10. *你认为男性和女性一样需要做出改变吗?*

在我认识的与我同龄或更年长的男性中，很少有人愿意做到像我丈夫那样，但我认为这与他们在成长过程中对自己男性角色的期望有关。但正如我们所见，这种情况正在发生变化：今天的男青年期待拥有一种不一样的、更为均衡的生活。也有人对此提出过不同意见：他们认为这些男青年只是在踏入职场前才如此理想化，一旦他们开始工作，很快就会被老一套的做法规训。但尽管有这样的质疑声，我也还是比较乐观。当代的男性已经很少会因为工作时长而感到骄傲了——这不再是荣誉的象征，倒更像是无法掌控自己命运的表现。真正成功潇洒的男士可以在自己选择的时间段内工作，还有充裕的时间来安排自己的其他活动。当我写下这段话时，我刚和一位男同事聊完天。他拼命工作了四天，就为了周二能陪伴自己三岁半的小女儿。今天是周一，他刚刚说起明天的安排时显得神采奕奕，感觉明天将是他这一周的高光时刻。

不过尽管男性的情况正在发生变化，女性也是一样，但我们还没有功德圆满。英国政府在2015年4月推出了共享育儿假。然而，在2016年的前三个月，只有3 000对伴侣选择了共享育儿假，而155 000名母亲休了传统的产假，52 000名父亲休了较短的陪产假。当男性和女性选择共享育儿假时，公司往往会在经济上给予区别对待。2017年6月，一位父亲在与其公司有关陪产假工资的性别歧视案中取得了里程碑式的胜利，这也促使其他企业开始审视自己的做法。我相信很多男性都希望积极参与到孩子的生活中，我也很乐意看到一些行业先锋可以带头开辟这条道路，让大家看到请几个月育儿假和成就一个伟大而长久的事业之间并不冲突。何乐而不为呢?

我一直都很愿意回答女生提出的任何问题，但其实有一个问题最想被问到，但少有人提及的。这个问题就是：

“我怎么才能当上首席执行官？”

第八章

首席执行官集训营

我们的研究显示：9—10 岁的孩子中有 90% 认为男性和女性在工作中取得成功的机会是相同的；但在 17—21 岁的年轻人中，只有 35% 的人这样认为。“首席执行官集训营”计划旨在改变这一现状。

英国“女孩指南”网站 www.girlguiding.org.uk

*　　*　　*

2014年，我应邀在英国“女孩指南”网站组织的“首席执行官集训营”计划上发表演讲。我在那里遇到了一些14—17岁的女孩，她们雄心勃勃，令人难忘。参与这一计划的女孩都要经过严格的报名程序，入选者会参与为期一周的强化课程，内容包括导师指导、任务挑战，还有女性首席执行官的演讲。我很喜欢这个概念，不仅仅是因为我小时候就很喜欢类似的女童军活动，总是争着想要赢得更多徽章，打破我们所在地区的记录，爸妈甚至因此被我折腾得焦头烂额。组织首席执行官训练营的主意提醒了我，很多时候我们想要帮助女性成长，却忘了要让她们为最高的目标做好准备。

我们向各个年龄段的女性提出的大多数建议都是在关注自我提升。鼓励大家成为最好的自己是没错，但不需要让人觉得必须彻底改变，或是必须在独木桥上挤破头才能获得成功。像这样的建议并不是在帮助我们建立信心，而是在侵蚀我们的信心——因为这很容易让我们纠结于自己做错了什么，而不是去看到自己做对了什么。

西尔维亚·安·休利特（Sylvia Ann Hewlett）曾经在更广义的包括性别在内的多元化层面进行过开创性研究。在她的著作《让世界看见你》（*Executive Presence*）中，她探讨了为何女性往往才华横溢却无法脱颖而出。西尔维亚认为女性领导人没有什么自由度，她形容女性必须在许多事情上小心地掌握好分寸：不能太激进，也不能不够自信；不能太固执己见、不依不饶，也不能失去掌控权；不能穿得太出挑，也不能穿得太朴素；不能看上去太年轻，也不能太显老。这无穷无尽的注意事项实在是叫人心累。如果一直要被这些“女性形象禁区”所束缚，我们可能永远也提不起精神来开始一天的生活。西尔维亚在揭示了这些可能出现的问题之后，还是愉快地为大家总结道：对于想成为高管的女性来说，最重要的形象标准就是优雅干练。

我们女性是时候不再去担心“太这样”或“太那样”了，我们应该更多地专注于获得我们想要的工作。让我们来为艰巨的工作假设一个合理的能力、学历和天赋水平，且没有任何职场上的金玉良言能代替这些因素。第一步是要了解自己擅长的事情，要会表扬自己，并在我们喜欢做的事情上花更多的时间。我自己就是这样。我们可以有意识地做一些事来让自己变得更快乐、更有成就感。

首先，一定要竭尽全力避免拿自己跟别人比较，左顾右盼不会带来任何好处；要让自洽成为一种常态，而不是一种相对状态。专注地去了解最适合你的方法，包括搞清楚自己在哪个时间段的精力最充沛、效率最高。报纸的文章中总爱写我和其他“成功”女性都有早起的习惯，仿佛这是成功大计中设计好的一环——但其实早睡早起只是我一贯以来的作息，而这些信息并没有被写进文章里。我每天一早的工作状态是最好的，晚上一过了 9 点，我的脑筋就转不过来了。因此，早起只是我自然的生物钟，并不是“击败竞争对手”的一项策略，甚至周末在家还会常常因此打扰到家里人。

如果你快速浏览一下有关我的报道，一定还会发现其中有许多关于我着装风格的评论，文中常常会透露出诧异的感觉，认为我“看起来不像”一位资深的金融城女性，也不像是九个孩子的母亲（九个孩子的母亲看上去应该是什么样）。我确实对粉色和裙装有所偏爱，但大家也不必把我想象成老年版的“律政俏佳人”，不然你恐怕会失望。对于自己的着装选择，我唯一想讲的就是：我们可以有女人味。我确实在身穿职业装时感觉更有气势，哪怕是颜色鲜艳的职业装。而且以我往日的经验，当我觉得自信时，我在别人眼里也会更有威严。其实，我是用了很长时间才做到这一点的，我也需要克服自己对外表的不自信。尤其是在我十几岁的时候，我在自己心中的形象是扭曲的。十四五岁时，我还得过厌食症。我当时只有 32 公斤重，但在我错乱的意象中却觉得自己是个“胖子”。如今我可以更客观地看待自己的身体了——尽管离完美身材还有很长一段距离，但我的体型算是挺精干的；而且不管怎么说，这副身体已经孕育九个孩子了。与此同时，我已经清楚地知道什么才是适合自己的。我的典型装束包括：简洁的裙装（通常有别致的剪裁或颜色），不花哨但个性鲜明的首饰，还有在身高和心理上都能给予我提升的高跟鞋。我很少穿西装，因为我感觉这种结构复杂的衣服是我和世界之间的屏障。你或许难以想象，但当我必须穿西装时，我会觉得不自在。这种用垫肩壮声势的服装，我实在欣赏不来。

我刚入行的时候还没什么钱买衣服，所以衣橱里的选择很有限，而且市面上好看的职业装也不像现在这么多。那时候我很享受穿衣打扮的时间，虽然其实从头到脚也就只需要几分钟，但这可以让自己准备好去开启奋斗的一天。我这种简约的方法肯定无法适应所有人的需要。比如我有一位时尚的律师朋友，名叫塔玛拉·博克斯（Tamara

Box)，她会给自己的每套行头都搭配一副不一样颜色的眼镜；还有一位名叫西恩·韦斯特曼（Sian Westerman）的投资银行家，她和英国时装协会（British Fashion Council）交往甚密，是一位穿衣风格十分前卫的女性；还有伦敦劳合社（Lloyd's）的首席执行官英加·比尔夫人（Dame Inga Beale），她着装十分自信，佩戴的珠宝尤为引人注目；富时100首席执行官卡洛琳·麦考尔夫人（Dame Carolyn McCall）是巴宝莉的非执行董事，她经常穿着自家品牌的漂亮衣服。我喜欢欣赏这些权威女性的穿着，但她们独特的造型并不会影响我自己的风格。

在风格和内涵的问题上，关键是要建立自己的观点。一个强大的内心指南针能在多数情况下，在大大小小的决策时刻为你指明方向。我曾经和苏格兰前国务卿福赛斯勋爵（Lord Forsyth）一起参加一个经济和政治论坛。福赛斯勋爵说，在撒切尔夫人执政时还没有即时通讯软件，没有手机短信，甚至都还没有电子邮件，部长们不用学习如何对突发事态做出回应，而中央的观点也足够明确，他们可以根据上面的意思做出反应。而作为个体，我们同样需要强大的内核。

但女性接受的大多数指导并不能帮助我们走到权力的核心。讽刺的是，这些指导通常都是在教导我们如何参与到过时的男性游戏中，但其实连男性自己都已经开始出离那些游戏了。处于职业生涯中期的女性会收到大量关于如何建立人际网络、如何变得更加自信、如何为成功而着装等建议。而当我们照着这些建议去做的时候，男人们正在瞄准他们想要的职位。我们走的是一条更曲折的道路，有时甚至不知道这条路会把我们带去哪里，所以也就难怪我们容易在途中迷失方向了。而现在是时候采取更直接的方式了：在董事会为女性争取席位的事取得一些进展之后，现在的重点是鼓励任命更多的女性高管。当下不仅对于年轻女性来说是一个好的时代，而且对所有女性来说都是好时候。如果你想成为一个首席执行官，或只是在为下一次晋升而努力，就都要专注于争取“坐上替补席”，而不只是多加入一个女性团体。

但“坐上替补席”究竟意味着什么呢？我一直都相信，书写可以帮助理清思路，帮助确认有什么事是不清楚的。你可以列出某个职位的属性：需不需要带团队？需不需要见客户？需不需要制定商业计划书？然后再考虑一下你已经具备了哪些技能，还缺少哪些技能。可以想见，对于自己掌握的技能，女性恐怕只会写下寥寥几笔，却会列出许多自己还欠缺的地方。因此，如果你无法客观地面对自己，那就请征求别人的意见。然后考虑如何解决那些至关重要的差距，但不要想着所有的欠缺都能填满。有些现象听起来或许有些夸张，却是高管猎头们亲证的现实：在面对一个职位时，女性可能已经满足了十个条件中的八个，却还会认为自己无法胜任；而男性可能只具备其中五个，就已经觉得势在必得了。

除了自我评估之外，你还要制定出一个计划，将自己打造成决策者眼中那个职位的不二人选。你和那些决策者有接触吗？他们能看到你的实力吗？你需要让他们认为，就你想要的那个职位而言，你是一个尤为合适的人选，而不仅仅是让他们对你产生一个模糊的积极态度。你需要公开表达你的野心，如果你明确表示想要这个职位，那别人即便想要拒绝你也会先仔细考虑一下。有些事听起来或许不公平，但那些默默接受失望的人往往更容易经历失望。最重要的是想想你过往的表现：你是否表现得像个领导者，像是未来管理团队的一分子？你是否积极主动地提出过自己的想法，是否敢于直言不讳、激励同事，并以进阶的要求来做好当下的工作？我参与过许多继任规划讨论，听高管们考虑由谁来“替补”自己的职位，或是成为他们的直属下级。之所以有些人被评定为首选人才，而另一些人只是被评价为能力不错，其区别往往只在于他们是“如何表现自己”的。

不要担心这听起来太急功近利。像 30% 俱乐部做过的“破解密码”（Cracking the Code）等研究都证实了女性对于野心的表达往往很含糊，她们会给出复杂的讯号，让上司寻找线索。我们需要帮老板们一把。这不是要女性“像男人一样去行动”，而是让自己的行为像是一个准备好要担起下一个重任的人。因此，我常常会看到女性错失机会是因为决策者误以为她们对此不感兴趣，但其实她们只是乖乖地在等别人来问她们。

还有，不要以为你必须去复制那个领先于你的人才能追上他们。你要记住，当今商界已经达成了广泛的共识，那就是有效的方法不止一种，忠于自我才是被看重的。你应当去发展自己天生的才能，而不是去效仿别人。好老板都喜欢发现优秀的人才，因为这对他们自己和整个企业都会有好处，这也是他们会想要帮助你取得成功的一个强大动力。

这些建议都需要以你本人积极的态度为基础。如果我们能保持乐观，哪怕只有一线希望，我们就会期待自己能胜出，并能为此去承担一定的风险，放手一搏。许多女性因为职场依然存在的不平等而感到幻灭或沮丧，她们该怎么办呢？无论是“28—40 调查”所反映出来的现状，还是听任何处在职业生涯中期的女性谈论她们的职业经历，老实说，现实都是发人深省的。那些令人沮丧的工作环境会带来不好的影响。而那些放弃工作去照顾家里小孩或老人的女性也要面对不同的困境：她们或许很想重启自己的事业，但她们不知道这是否可行，或是根本不知道要如何迈出第一步。离婚、疾病、生离死别都会给生活带来干扰，导致财务上的焦虑和情感上的创伤。你只要扫一眼那些以女性为目标读者的报纸版面就能发现，大多数女性在四五十岁的时候，感受到的都是焦虑而不是满足。

如果你正处在这种情况之中，你的首要目标就是去打破恶性循环。我知道这说起来容易，做起来却非常难。当你感到身心俱疲时，你是很难让自己振作起来的。这种时候最好能让我们遇上一些好事来打破这种负面循环，然而这种好事往往不会在我们最需要它的时候发生。我自诩一生都很幸运，但即便如此，当初在辞任牛顿首席执行官时，我还是陷入了困惑与不安。我在牛顿工作了这么多年，和公司的同事们一起成长，也一起变老。因此，我一度很难再去展望新的未来，甚至无法理性地听取自己给自己的建议。我知道自己在精神上需要一些空间去仔细思考下个阶段的事，我也需要补充内心的能量和热忱。在那段不确定的时间里，我的未来是一张白纸，我担心自己会就此沉寂，而不是继续成长。那是人生中的顿点，叫我思考如何在迄今所学的基础上更上一层楼。

我们可以从那些经历过真正极端境遇的人身上学到很多东西。在我自省的这段时间里，我很偶然地遇到了一位由内而外闪耀着自信的女性。我们只聊了一会儿，她就告诉我，她之前就被诊断出乳腺癌晚期，存活的概率微乎其微。现在的每个当下，每个生日都是额外的收获，她不浪费一点时间，把每分每秒都当作珍宝一般珍惜对待。我们的对话很快越过了一般初次见面时肤浅的寒暄，而这个陌生人也实实在在地帮助我理清了思路。我当时在与各种感受及实际情况角力，但其实如果我能遵循内心的指南针并坚持自己的原则，这些纠结或许都会尘埃落定。如果我对机遇敞开心扉，或许就会有更多机遇浮现在眼前。我还想趁着在家里，好好享受和家人相处的时光。我每天走路送我最小的女儿上学，和别人悠闲地聊天，和朋友聚会，享受家庭成员的每一个生日（在我休息的四个月里，家里有六个人过生日）。前几天，家里又有人过生日了，于是我们数了数自从第一个孩子菲茨出生以来，一共给孩子们庆祝过多少次生日。最后我们数到了148，真是令人惊叹。

在我三个女儿就读的学校里，有一门名字很好听的课程，叫作“充实课程”。我这一段休整的时间也是在充实我自己，但很现实的问题是我该如何再去找下一份工作呢？此处我要给出的建议很简单：哪怕你在职场上相对比较资深，也不要依赖猎头公司为你找到下一个好职位。靠猎头公司也可能找得到，但以我的经验来看，这并不是能打包票的事，倒更像是碰运气。我很清楚，50岁的自己想要另找一个全职的行政职位——而且我不想要我刚刚告别的那种类型的管理职位，而是希望去建立一些新的东西。或许再过十年左右，我也会对非行政职位感兴趣，但不是现在。许多女性都跟我说，她们不是很情愿去找大牌的猎头顾问公司，我相信很多男士也是一样。我和许多猎头都很熟，大多是因为他们参与了30%俱乐部的活动，他们都很乐意倾听，这也给了我勇气和他们聊天。在与他们的会谈中，我简述了自己明确的目标。在那之后的几个月时间里，他们给我看了一些非执行董事的职位，一些大型慈善机构的职位，还有去正在经历私募股权收购的公司出任主席的机会。有几位猎头非常热情，但他们中没有人向我展示过任何一个需要实干的高级行政职位。与此同时，我认识的一些正在搞创业的朋友联系了我，还有一些是我主动联系的他们。这其中有些人邀请我去担任行政职位，当然也包括我后来欣然接受的在法通投资管理（LGIM）的职位。在法通，我的远大抱负是要让这个国家里更多的人来参与投资，让企业去接触那些不曾有过投资经验的人，尤其是女性和年轻人。这着实让我感到兴奋——因为这个职位既需要从无到有地“建立起一些东西”，又能帮助人们改善财务状况。这正是我想要的——一个盈利和使命相结合的行政职位。但我找到这份梦寐以求的工作所经历的过程和我一开始预期的完全不同。和那些与我在各种情况下共事过的人交谈总是比较容易的，我直接联系的每个人都非常慷慨地贡献出了自己的时间和建议，还有一些直接向我提供了职位。对于一些传统的求职工具我们或许都有同样的感受，那就是正式的流程未必能在实际中帮到我们——但那些和我们有直接交流的盟友和导师却可以。这靠的都是人际关系，所以长时间优先建立起这些关系是很重要的。如果能遇到一位贵人，能让你在职业道路上走得更远，能促进你的事业，那肯定是最理想的。但通常身居要职的贵人只会为那些已经取得成就的人背书，因为这牵涉他们自己的信誉。所以记住，要一步一步往前走，路总会越走越宽。

在我加入法通投资管理时，有几位年轻的女性主动找到我，告诉我她们对于我的加入感到多么开心。其中有一封邮件总结了在职母亲所要面临的普遍挑战：

> 我读过您在《伦敦旗帜晚报》（*Evening Standard*）上发表的题为《在职女性：争一席之位，改职场文化》（*Working*

Women: Get a seat at the table and change the culture）的文章。这是我读过的最好的文章之一，不仅因为您的故事引发了我的共鸣，还因为您婚姻中所体现的韧劲和理解对于我这样一个结了婚有两个小孩的母亲来说，有着非比寻常的意义。我开始思考，“如果她能做得到，那我也可以”。因此，要感谢您给予我的启示。

在那之后，我成功申请到了 MBA 课程，并在去年完成了学业。我甚至把您的故事分享给了每一个我认识的人，告诉他们您是如何兼顾一个大家庭，同时又胜任资产管理公司首席执行官的。对我来说，从读到您文章的那天起，我不再苛刻地对待自己，不再总是为了无法花太多时间陪孩子而感到内疚——这种想法会阻碍我去追求更高的目标，因为我会认为更多的责任就意味着更少的灵活性，也就意味着陪伴家人的时间也会更少了。简而言之，您的文章像是在对我喊话，告诉我：你可以去追求更高的目标，找到合适的平衡，然后大家都会各得其所。因此，衷心地感谢您！

就让我们来聊聊这种巨大的冲突感吧。许多女性不仅担心生孩子会影响她们的职业生涯，还担心她们的事业会对孩子产生影响。

在参与“28—40 调查”的女性受访者中，有超过三分之二的人认为社会期望她们将家庭置于工作之上。在我看来，传媒制造的压力只是其中一部分，除此之外的压力也源自我们本身。

从我 1991 年生下菲茨到现在，人们的态度、工作的模式都有了很大的进步；但从现实来看，育儿这件事依然无法很好地融入到忙碌的工作生活中。育儿是一项复杂的、耗费精神和体力的事，它会改变我们——通常都是朝着好的方向。诚然，有多少人就有多少种童年的经历，但故事也总会有雷同的部分。

尽管理查德和我在生育方面没什么问题，但我怀孕的过程也是一波三折。我怀第一胎时特别艰难——首先我本身体重过轻，只有 46 公斤，而在孕期的头四个月里，每天从清晨开始的孕吐反应令我的体重不增反降；去上班的路上也很是辛苦，我必须先坐公交车，然后换乘地铁，地铁也不能一口气从头坐到尾，中间还得留出时间来出站处理一到两次孕吐。在那段时间里，我的身体经历了严峻的考验。怀孕 14 周时，因为有流产的危险，我不得不卧床两周。除此之外，我在孕期一直保持着和往常一样的长时间工作，直到被诊断出子痫先兆（孕妇血压升高到一个危险的水平），最后经历了早产。

当我在第一次怀孕期间苦苦挣扎时，公司还有另一位怀孕的女同事，我俩可以交流心得。她比我大十岁，也是第一胎。公司当时在伦敦有数百名员工，她是仅有的两名女性高管之一，我很敬重她。同时期怀孕的巧合让我们拉近了彼此的距离。我俩都是第一次怀孕，十分紧张。每天快下班时，她都会从她办公室所在的楼层来到我的办公桌前，我们会讨论各种各样的问题，那时候也没有搜索引擎能帮到我们，比如喝咖啡会不会影响胎儿健康。直到我俩都离开公司之后，我们也还有过几次交集，每次谈话总免不了提及各自的第一个孩子。作为两人中资历较浅的那个，我总是期盼着她来找我。过了很久之后，我们在牛顿引入了一个“伙伴计划”来帮助准妈妈，她们可以选择一位经历过产假并成功重返工作岗位的女性作为导师。

对于女性而言，怀孕的第一阶段有可能是很孤独的一个时期。因为大多数孕妇都希望在做完第12周产检后才把怀孕的消息分享给至亲之外的人，但孕早期往往是孕妇身体感觉最糟糕的时期。我和一位相熟的年轻美国女性探讨过这个话题。我在纽约见到她时她刚怀孕两个半月，那是她的第一胎。我见到她时猜测她是怀孕了，因为我们的身体总会如实地透露出一些讯息，但我并没有多说什么，尽管我真的很想恭喜她。几周之后，当我们通电话时，她告诉了我她怀孕的消息，我说我猜到了。她说那段时间真的特别难熬，她试图不显露出任何怀孕的迹象，而且那一天她的压力尤其大，因为她要发表一个演讲。她所经历的挣扎对我来说都很熟悉。

我们也常听到女性经历多次流产的惨痛经历，哪怕有另一半的陪伴，但在这种悲伤里她们也依然是孤独的。我也经历过两次流产，一次在怀孕初期，另一次在第12周。悲伤中的孤独感真的很难承受，尤其是在我努力想要继续工作的时候——而且其中有一次流产就发生在办公室里，我还得假装什么也没发生。

我惨痛的经历可能会让你对怀孕望而生畏，但请千万不要这样想。已经有太多文章塑造了“无法企及”的榜样，我也曾多次在这类文章中被提及。有一天我在翻看我最小女儿的宗教研究课作业，发现了一份有趣的表格，题为“身为榜样的耶稣”。我突然感到茅塞顿开，我们需要的是一个全新的理念，要专注于激励，而不是迫使大家去仿效。因此，我想要分享自己真实的经历，让大家意识到每个人都有自己需要面对的挑战。关键是要有一个支持你的环境，而你自己也要有韧性，有适应能力，但不要想着把自己打造成一个超人。

至于前文信中提到的有关内疚的问题……该从何说起呢？我也还没能克服这个问题。如果说我做到了，肯定会显得我铁石心肠。我怎么可能不想多陪陪孩子们；他们不在我身边的时候我怎么可能不想念他们；当我要出门的时候，看着他们伤心我心里怎么会不难受。凯伦·皮茨（Karen Peetz）既是纽约梅隆银行前总裁，也是一对双胞胎的母亲。她在一次由劳埃德银行主办的活动中提出过一些实用的建议。她说，她认识到必须接受自己做出的决定，走好眼前的这条路，而不是让思绪犹疑在其他假设性的情景中。这使她能够专注于自己的事业，在家时也能珍惜享受每一刻家庭时光，而不是去后悔没有腾出更多时间来陪伴家人。如果不这么做，我们可能会觉得哪头都顾不好——而这种想法绝对是不幸的根源。

家里孩子多，即便我在家，一对家长也不够这么多孩子分。但是大家庭的互动结构和小家庭的不太一样。首先，大家庭的内部会有一个网络结构。我很乐于见到家里大一点的孩子自发地帮助弟弟妹妹，帮他们辅导功课，为他们在友情上遇到的难题出谋划策，帮他们完成一些创意作业等。就在此时此刻，我的两个女儿就在隔壁房间里，我能听见 17 岁的姐姐在耐心地给 10 岁的妹妹讲解长乘法，妹妹本来在数学方面就很吃力。尤为可爱的是，我知道姐姐自己也还有许多功课要做，但她表现得好像妹妹需要她教多久都没问题一样。他们都是再普通不过的孩子，也会吵架拌嘴，但他们首先是一家人，是一个整体。所以家里孩子多也有意外的好处。

当然，我和理查德也在努力做到最好。有时候我们也得苦中作乐，看到诸多挑战背后有趣的一面。

在我们家里，孩子们一大早就给我们出难题的事并不少见。有一次，两个孩子同时在吃早饭时跟我们说，学校当天有特别的着装要求，一个要穿墨西哥服饰，另一个要打扮成小飞侠彼得·潘。我先是尽量轻描淡写地说，下次如果能提早一些知道或许更方便准备，然后试着冷静地思考该怎么办。这种时候没必要惊慌失措，抱怨也无济于事，只会给本来已经很混乱的早晨增添压力。于是我让大家一起出出主意。一个孩子记起家里有一顶大草帽，可以当作墨西哥宽边帽；另一个孩子翻箱倒柜找出了一件色彩斑斓的庞乔斗篷；我找出了一条颜色鲜艳的叠层半身裙。幸运的是，我们这位“小墨西哥人”有一头接近黑色的长发，所以打扮起来还挺原汁原味的。真是好运气。而彼得·潘的行头就比较难搞了，我们讨论了一下有什么可以利用的道具。我们记起来家里有一顶绿色的带羽毛的帽子，是以前扮罗宾汉时用过的，我们还从衣柜里刨出了一些绿色的连裤袜，最后我们竭尽所能地改造了一下圣诞精灵的束腰短袍。结果虽称不上出类拔萃，但也已经很不错了。折腾完这一切之后我们还笑着说，这就像是刚经历一场早间真人秀节目的挑战。在理查德和我刚有几个孩子的时候，我们喜欢给他们制作各种有趣的装束，这绝不是因为我们有这方面的天赋，完全是出于对孩子们的爱。放弃对完美的偏执，只是尽自己所能，这让我们能更好地面对眼前的挑战，也能减轻自己的压力。出于同样的理由，我每次只会写下一家人当天的日程安排——因为如果一次写下一周的或一个月的，信息量太大了，也会有许多变数和突发情况。但这并不意味着我们不会提前计划假期，我们必须提早预定行程，因为我们有 11 个人，而且现在最大的两个孩子有对象了，就变成 13 个人了。我们也会大致规划未来几个周末的安排，但最重要的是尽量活在当下并享受当下。

很明显，如果我们不把精力浪费在消极的想法上，不是碰到什么事都先苦恼一番，那我们就能拥有更多宝贵的心理空间。在我感到焦虑时，我经常会找人求助，通常是我丈夫，但有时候我也会找同事、朋友，或是孩子们中的某个。他们总是很乐意帮助我，哪怕有时他们对问题的了解并不多，但只要一句温暖的话语，或是一个拥抱就能让我们感觉事情也没那么艰巨，让我们能够正确看待自己正在努力解决的问题。

最近，我看到了一条建议，它概括了在他人眼中拥有一个“成功”的职业生涯，与自己真正感到快乐、确信自己为家庭和事业都做出了有价值的贡献，这二者之间的区别。印度教僧侣斯瓦米·维韦卡南达（Swami Vivekananda, 1863—1902）说：“选定一个想法。把那个想法活成你的一生，思考它，梦想它，按照这个想法来生活。让你的大脑、肌肉、神经，身体的每个部分都充盈着这个想法，不要去理会其他任何想法。这就是通往成功之路。”我的这个“想法”就是要在男性和女性之间重新找到平衡。这个想法影响着我的家庭生活，影响着我在商界扮演的角色，还有我给出的评论、分析及演讲——这个想法也是我撰写这本书的动力。我走过的征程都始于这个想法。它显然不是一个什么全新的想法，但我经常觉得人们并不理解真正的平衡有多重要，而我的使命就是试图改变这一点。

这是我的一己之见，或许是我的自圆其说。那我的孩子是怎么想的呢？我问他们对于在传统的父母角色颠倒的家庭里长大有什么看法，好几个孩子都说，家里有许多兄弟姐妹这件事影响了他们对性别的思考。我们还谈到，他们是否认为身为男孩或女孩会影响他们的机遇？最后我问，在他们看来，要实现真正的性别平等是否还存在什么障碍？

他们的回答是一致的，以下是一些摘录。

莫里西家孩子们的一些见解

菲茨（Fitz），26 岁

“就角色颠倒这个问题而言，爸爸一直是一个让人安心的存在，也会激发我的思考。他是一个很好的聊天对象，和他分享事情让我感到很开心。他能来学校看我比赛这一点非常好，其他男生通常都是他们的妈妈在场，这当然也很好，但我很喜欢爸爸在场的感觉。这让我认识到作为一个男人应该追求什么，爸爸在这方面对我来说是个很好的榜样；而你在其他方面是我的榜样——你让我看到，全凭意志的力量和想要有所作为的意愿，就可以成就这么多。我的确认为似乎是女性的身份让你更引人注目，因为如果你是一个男人，大家或许就不会如此有觉察。”

“我觉得家里有许多兄弟姐妹这件事也影响了我对性别问题的看法。每个人，不论是男生还是女生，都有他们自己的天赋，但女生和男生有不同的情感需要。作为大家庭中各有特色的一分子我觉得很棒，这让我们之间有一种创造性的协同增效。作为家里最大的孩子，我有一种责任感，觉得应该带领着弟弟妹妹，成为他们的榜样。因为家里有这么多孩子，所以你和爸爸不可避免地会采取比较‘放养’的模式。这让我们有更多空间和自由去开创我们自己的路径，追随自己喜欢的事物，做出自己的选择。”

克拉拉（Clara），17 岁

“父母互换了传统家长的角色对我们意味着一种鼓励，说明我们可以去冒险追求自己的兴趣，不用去理会一般的性别定式或是其他人的看法。不过这也意味着有时我想见到你的时候，你可能没法在我身边。”

“在我的印象中，一个女生要让别人把她当回事还是稍微有点难度的。媒体对这个问题也强调很多，这或许也让大家觉得女生的境遇很艰难。但事实上，我不确定学校是否花了足够的力气来让我们做好准备去应对这些可能的挑战。我认为实现性别平等最大的障碍在于女生缺乏信心，而当权者没有真正看到改变现状的必要性，又或是他们根本不想去改变。”

奥克塔维亚（Octavia），14 岁

“我们家爸爸妈妈的分工和其他人家里不一样，这说明男人和女人可以胜任同样的角色，有同样的地位。这对我产生了影响，我们年级也有许多同学的爸爸是留在家里的，这说明你既可以选择其中一个角色，也可以两者兼顾。拥有这么多兄弟姐妹也让我看到，大家可以做很多不同的事，这和他们的性别无关，而是要看他们能做什么。比如芙洛，她是一名歌手，那是因为她擅长唱歌。”

“有些人似乎认为女生做不到某些事，认为女生不能拥有很多权利，不能做出明智的决定。但我觉得这只是反映出了男性对权利的看法，而这种看法也在发生改变。当人们思考谁应当掌权时，很多人会想到男性，因为这是他们熟悉的模式。但随着越来越多的女性参与进来，情况将会发生改变。”

图比（Tuppy），19 岁

“在学校里，尤其是在我很小的时候，其他同学几乎都是爸爸出去工作，而不是妈妈，所以我一直都会意识到自己家是不一样的。我记得曾经有一位老师问全班同学，大家的父母都是做什么的，我是班上唯一一个由妈妈负责养家糊口的人。高中毕业之后，我接触的朋友们的家庭就更多元化了，其中有更多是母亲有全职工作的。这个情况变得更普遍了。我并不觉得这意味着我作为一个男性，在事业上成功的概率变小了，只是我们的环境比上几代人更平等了。我觉得我的姐姐妹妹和我的女性朋友们应该都能拥有自己的事业。事实上，我在大学里认识的女生好像都比男生更有冲劲，比如她们会更专注于争取实习机会。”

“就实现平等的障碍而言，职场中显然还存在不少问题，公司还不能为男女提供平等的机会。我认为针对这些问题的解决方案还算是有效的，但与观念有关的问题就不然了——不仅是男性如何看待女性的问题，还有女性如何看待自己的问题。最近，当我和几个朋友谈论起男女在薪酬水平上的差距时，一位女孩说，如果男生健谈，别人就会觉得他自信；而女生健谈别人就会觉得她很聒噪。显然这只是关乎你有多自信，而不是你有多吵。但社会上的这种观点会让女孩觉得她们没有权利发表主张，不能挺身而出成为领导。虽然身为女孩可以试着让自己更自信，努力去获取成功，但我可以想象得到，当许多老一辈的男男女女依然对女性‘应有’的行为举止秉持着狭隘的看法时，一定会让人感到非常气馁。”

塞西莉（Cecily），10 岁

“有时候，男孩子们想做的事并不是我们想做的事，所以我们要花额外的时间来商量有什么事是我们可以一起做的。爸爸真的很会照顾整个家，但你也在家的时候就更好了。爸爸总是会把我们都准时送到学校和各个地方。”

“我们在学校很少讨论平等的话题，但我希望我们能讲讲。因为学校里有很多女生都不是很自信，我们应该解决这个问题。”

米莉（Millie），18 岁

“正因为有你们敢于挑战男女在家庭角色中的刻板印象，才让我们看到‘角色互换’不仅是可行的，而且是成功的。我们家里的每个人都是彼此的依靠。和这么多异性生活在同一个屋檐下让我学会了欣赏我们各自的特质，也让我明白了男女之间有许多共同点，我们应该利用好我们之间的差异和共性。如果不是有这么多兄弟姐妹，我觉得我不会如此懂得尊重别人的思考方式。我们必须学着和别人融洽相处，与很多人互动，以及参与团队协作。我们必须学会做事的时候不自私，学会欣赏每个人特有的长处和个性。”

“我认为虽然有许多人都在谈论性别平等及其重要性，但真正付出行动的人并不多。人们会下意识地做出假设。但在与这么多兄弟姐妹的相处中我意识到，有时候我们的行为会‘像女孩’或是‘像男孩’，但同时我们也都是独立的个体，可以去探索自己真正感兴趣的东西。”

贝亚（Bea），8 岁

“我看到了你和爸爸的分工和别的家长不一样，但也有其他人的爸爸会到学校去接他们，也有其他人的妈妈也在工作。[①]我们在学校从来没有正经谈论过关于女性和平等的话题，但我在家里听到过。在过去男生可以做更多事，女孩子能做的事就不太多。这需要被改变，而其中一大部分已经在改变了，但还不是全部，所以还不是完全平等。大家可能会觉得男人更强大，但有时或许女人更优秀。”

“我觉得我以后应该会很擅长经营企业。我觉得我会是一个好老板，因为我愿意为自己全力以赴，有时候也喜欢负责指挥别人，做我想做的事。我认为这跟我是不是女孩没什么关系。”

西奥（Theo），12 岁

“我认为有一个上班的妈妈和一个在家里的爸爸对我是有影响的。我可以清楚地看到男人和女人都是可以取得伟大成就的。要不是因为你在工作，别人可能就会告诉我男人和女人不是都能取得成就。但我看得到，我们家里的许多成员

① 贝亚最好的朋友的母亲就是一名成功的大律师。

就取得了不少成就，而这与他们的性别无关。图比写了一本书；你在帮助很多想要工作的女性，同时自己也在很努力地工作，还在写书；芙洛是一位出色的歌手；菲茨正在攻读博士学位；爸爸总是在你工作和做调研的时候照顾我们。我们家有很多有意思且了不起的人，为什么没有更多像我们这样的家庭，这好像很奇怪。我认为性别不应该影响我们获得成功。实现男女平等最大的障碍是并非每个人都能同意别人的看法。在我们生活的世界里，总有人会和别人持不同的意见。我们生活在一个争论不休的世界里，这些争执有时候会妨碍我们为每个人创造更好的条件。”

我注意到这些兄弟姐妹之间存在技能的互补性，除此之外，孩子们也“被迫”认识到团队合作的重要性。有一天晚上我和理查德正要出门，我听到留在家里的七个孩子正在争论要看哪部电影。他们每个人想看的片子都不一样。我站在门口听他们讨论，正想要插手干预时，我发现他们引入了投票机制。每个孩子都有两次投票权，在几轮投票过后，他们选定了《冰河世纪》。对于这个结果大家都很开心，仿佛已经忘了一开始他们之中只有一个人想看这部电影。我很高兴他们能靠自己找到解决办法，而且是以团体的形式。这也再一次让我想到团队中采用比例代表制的好处。他们还克服了小组中最年长的男孩在一开始的主导地位——是他提出了投票的想法，但最终他选的电影并没有胜出，他也欣然接受了这个结果。

我的大女儿芙洛有一次因为她的音乐而接受了一家全国性报纸的采访。采访后她回到家，在晚饭时随口说起采访时被问到了许多关于我的事。我默默倒吸一口气——我们从未讨论过这个话题，也没为她准备过相关答案，我好奇她是怎么说的。报纸出版之后，我读到了她的回答，十分受鼓舞。她说，我让她懂得了“要放手去做事，不要退缩。让女性在成为家庭主妇和成就一番事业之间做选择是一件很悲哀的事。女性将自己的一切都扑在孩子身上确实是很伟大的，但当母亲在工作和家庭之间穿梭的时候，也会给她的孩子带来有益的启示。虽然我的母亲从来不会这么说，但她就是能够两者兼顾的一个很好的例子。她很特别，虽然她是我的妈妈，但这也说明了任何人都能做得到。”

芙洛说的一点没错，任何人都能做得到。多元化和包容性应该从家庭做起。

第九章

性别平权：对男性也是利好消息

噢，心中有抱负真让人感到愉快。我很高兴我心中有许多的抱负。

它们似乎没有穷尽——这才是妙处之所在。

只要你达成一个抱负，就会看到另一个在更高处闪闪发光。

它会让你的生活变得充满乐趣。

——露西·莫德·蒙哥马利《绿山墙的安妮》

*　*　*

用《绿山墙的安妮》(*Anne of Green Gables*)中的句子来开启写给男性的这一章似乎有点奇怪，但我们的目标是要实现双向的性别平等。这是更美好更高层次的目标，而不单单只是关注女性。理查德一直认为，为女性创造更多机会其实也意味让男性能拥有更多选择。这不是一个零和游戏。但我们对男人应该扮演的角色仍然有着狭隘的先入之见：在我们的儿子塔比 8 岁时，我们问他长大后想做什么，他的回答让我意识到了这一点。他说道："我想我会像爸爸一样待在家里。"

长时间以来，男性在社会中的角色一直都被锁定在专注发展自己的事业，获得社会地位和影响力，成为家庭的经济来源，并作为一家之长、一族之长给家人带来安全感这些方面。这听上去确实很过时，但现实情况是虽然人们期望男性更多地参与到家庭生活中，承担更多的家务，但这些并没有替代原本的责任，而是成了一种额外的期望。你是不是经常看到"周末爸爸"(就像我可能会被视作"周末妈妈"一样)，他们看上去明显是具备头领特质的男性，他们推着婴儿车，带着稍大一点的孩子去公园玩。这些男性在结束了一周漫长的工作之后还满怀热情地投入到做父亲的责任中，而且经常是独自一人带着孩子，因为这样才好让另一半借此机会休息一下。

因此，这对男性来说也不是一件容易的事，要想办法活得更与时俱进，更“善解人意”，同时在地位、收入和权利这些对成功的定义依然苛刻的方面也不能落下。依我之见，有许多男性是真心想要为女性谋求改变的，通常家里有女儿的男性会对此尤为上心，但这也会给他们原本在这个世界上的位置留下一个问号，而这并不是那么容易处理的问题。

我丈夫从 1999 年起就没再从事全职工作了，这可比社会上出现高度关注性别平等的浪潮要早得多了。他是个不爱抛头露面的人，自然也不太愿意用自己的观察和经历来“娱乐大众”——曾经有很多次让他上电台和电视台节目的机会，但迄今为止都被他回绝了，因为他觉得那些节目似乎更像是在作秀，而不是真的想去帮助别人。他的观点对我们的家庭生活来说是至关重要的，而且对我个人和我们的孩子来说也很重要。他的经历也预示着当家庭角色发生改变时，我们的想法将会如何跟着转变，这种演进仍在继续。我们现在很少从角色互换的角度去看问题了，而是更关注如何从不同的角度去分担抚养家庭、赚钱和发展事业的责任。分担责任的方式也不是一成不变的，它可能会随着我们所处生活的不同阶段而发生变化。

与其让你们听我阐述我如何理解理查德的观点，倒不如直接请他自己来回答一些问题。在向你们展示他的回答之前，我也要在此向他致以崇高的敬意。理查德是自告奋勇地做了他本“不必”做的事。他是以名列前茅的成绩从都柏林圣三一学院的哲学系毕业的，这是我无法企及的。而且他博览群书，如果你问他，他会谦逊地说那是因为他比其他人拥有更多的时间，但这本身就是一个很有意思的想法，为什么其他人就会没时间读书呢？对于自己的经历，他输出了一套有力的说辞和想法，在此我要感谢他的分享。

我：能主动提出转做自由职业者，并在孩子们的成长过程中扮演更重要的角色，这是一个非比寻常的决定，你这样做的原因是什么？

理查德：我觉得那时候自己的职业生涯已经走完了，这么说好像有点奇怪，因为当时我才35岁。但我当时强烈地感受到自己想要重新开始，过一种不一样的生活——我想要为家庭付出更多，为家里做出更有意义的贡献，更忠于自己。自由职业者当时还不多见，现在已经不是什么稀奇事了，但对当时的我来说，自由职业是可以通向另一种生活的过渡手段。那时我在新闻业所能取得的成就明显已经很有限了——无论是可以学到的东西，还是收入的上升空间；但你的事业前景看起来有更多的可能性，限制也更少，能赚到的钱或许也更多。

我：你对现在的结果满意吗？撇去我和家庭的因素，单以你的体验来看。

理查德：是的，我对目前的结果很满意，但我确实无法将“自己”的体验与你和我们家庭的因素分开来看。判断成功或幸福的因素有很多，而他人的幸福对我来说非常重要。因此，当我觉得自己在家庭中起到了积极而有帮助的影响时，我会觉得很欣慰。然而，随着孩子们渐渐长大，准备开启他们人生的新篇章时，我觉得我也有必要开始思考在接下来的几年里自己应该做出什么样的改变。任何事情都有一个时限，所以知道何时应该做出改变是至关重要的。目前这样的生活模式已经持续了近20年，所以我觉得是时候探索下一个阶段了。看到孩子们一个个独立，我已经感到有点心酸了，所以我需要确保自己的生活不会因此出现真空状态。你和孩子们就是我的生活，所以你们的改变对我来说都是大事，我需要努力应对这些改变。

一周后，我们的大女儿芙洛和她的男友本杰明给我们带来了一个激动人心的消息——芙洛怀孕了，我们的第一个孙辈。这也为理查德的未来带来了一些新的活力。

我：有哪些方面会令你觉得不那么满意吗?

理查德：有时候我会感到孤独，感觉自己生活在两个世界之间。我既不是一个有许多好闺蜜、天天练瑜伽的家庭主妇，也不是一个在社会上工作赚钱养家、周末和同事打打高尔夫的男人。这有时的确会让我感到恼火和沮丧。我无法将自己的洞察力和理解力运用到家庭之外的地方，这让我感到不得志。当我能够帮助你和其他人调动起内在的力量，成为更快乐的人，并为自己感到快乐时，我自己也会感到得救了。这并不是说我不享受我在做的事，而是我会觉得无法清楚地定义自己，而且这也不是一般人传统上容易理解的情况，所以我需要向不熟悉我的人做出解释或证明自己。这是一件累心的事，但一想到我们家庭的整盘计划，这就显得无足轻重了。

我：你认为我们的安排有让孩子们和整个家庭获益吗？过程中又有哪些挑战呢？

理查德：是的，我认为我们的安排带来了很多好处，是很有益的。我认为孩子们都很善良，各方面发展得很均衡（几乎都是！），他们也都很快乐。我觉得我们俩都做到了为他们提供极大的安全感，让他们感受到我们是在支持他们找到自己人生的道路，而不是在控制或支配他们。他们有空间可以试错，因为所谓“犯错”也不是什么会让天塌下来的大事。我觉得对他们来说，重要的是他们知道你在工作、我一直在家里，而我俩一直在努力为大家营造一个相对稳定和谐的环境。这些年来，我为家里引入了各式各样的常规日程：比如“鸡尾酒时间”——在你请社工来之前，每到 5 点我都会端出薯片和洗净的蔬菜，装在一个特定的带分格的碗里；还有“排排坐时间”——这是我们的暗号，一说“排排坐”大家就知道不要再跑跑跳跳，是时候安静地在沙发上坐一会儿了；还有许多大家都喜爱的电视节目我们会一遍遍反复观看，比如《老爸上战场》《万能管家》《摩登家庭》等等。在看《老友记》时，我们一定不会错过片头曲里的那几下拍手，这是我们雷打不动的传统。我认为，多年以来这些日常为孩子们提供了一些安定感，也让他们在这个充满不安和困惑的世界里拥有了一份归属感。

我：将近 20 年过去了，但在我们认识的人中间，像你这样扮演“非传统”角色的男性依然寥寥无几，对此你感到惊讶吗？你认为，为什么这么难改变大家对男女这辈子应该做什么的预期？

理查德：我并不感到惊讶，但与20年前相比，有了一些微妙的改变。有更多男性选择灵活的工作或是自雇，这样就能更多地投入到家庭中，这是一个积极的转变。但全职照顾家庭的男性就不多了，就连我也会跟别人说，“我同时也是一位冥想老师”。我认为在我们这个社会里，为人父母并不是一个有价值的全职工作，尤其是对男性而言，因为这个“工作”没有收入。我们的社会看重胜利、奋斗、不断进步、在社会上的成就，而这些成就往往是由经济实力来衡量的。迄今为止，我们的世界一直都是垂直的，而不是横向铺开的——但我是后者。这或许正在发生改变，因为新一代的男孩女孩们对未来都有不一样的期待，科技拓展了跨越领域的能力，人们不再只有从下往上这一条出路了。我认为当等级制度弱化时，人们会变得更快乐，工作效率也更高，我相信我们的孩子也可以这样工作。虽然可能有些滞后，但我相信企业也已经看到了，扁平的结构在当下是更为合理的。

我们生活在一个非常公开的世界，而家是一个更私密、更隐蔽的地方，尤其现在许多女性也都出门工作了。因此，如今全职在家的人比过去更少了，无论是男性还是女性。换句话说，照顾家庭者这个在许多人眼里已经显得很次要的角色，其重要性还在不断降低，尤其是现在还有许多保姆和其他幼儿保育机构。家庭主妇（主夫）当然也不会被看作是什么厉害的角色——尽管我们在培养下一代这件事上发挥了重要的作用，这在某种程度上可是相当大的一种责任；而这一点对于男性来说更难，因为在大众的设定中，我们就应该去“征服世界”。当然了，在不久的过去，以及现在的一些传统社会中，“待在家里”依然是和女性及母亲联系在一起的。英国这里确实在发生一些变化，但在世界上的许多地方，情况依然没有改变。

我：在共享育儿假推出的第一年，只有很小一部分男性——每 100 人中仅有 1 人休了这个假。在这些人中，51% 的人表示他们冒着被视为“不像个男人”的风险。我们如何才能鼓励大家更开放地看待男性身份和对成功的定义呢？

理查德：不管我们愿不愿意承认，男性总会自然而然地将自己与“外出打拼”的传统角色联系在一起。这是大多数男人的基本情况。现在，更多的女性也能拥有一份事业了。但我猜想对于更富裕的中产阶级女性来说，出门工作只是一种额外的选择，她们还是可以决定把家庭放在首位。但对于其他一些女性来说，她们需要去工作是迫于经济上的必要性。出于各种原因，她们可能觉得工作只是为了养家糊口，而不是为了拥有一份事业，所以工作对她们来说更像是照顾家庭的一种附加条件。身为母亲，或者说身为女性，照顾家庭是她们首要的天职。我这一代的男性从来不会觉得自己的人生除了工作到退休为止，还会有什么别的选择。从小的教育让我们坚信，成功与事业是密不可分的。这是很难被改变的。我想如果有男性领导者选择休共享育儿假，那一定会鼓励到其他人，但不可否认的是，这对于很多男性来说并不容易，因为他们会担心放假令他们失掉参与竞争的机会。想想你认识的那些资深的男性，你就会意识到如果他们像女性一样选择休长假会是多么奇怪的一件事。你能想象他们为了和孩子一起待在家里而"错过激烈的商战"吗？我认为一部分原因是：许多"成功"的商务人士内心其实都很没有安全感，也很好胜。他们单纯就是害怕在自己的领域里变成局外人，所以不愿意冒任何风险；而且许多男性从小到大就没有被教育过要去培养自己照顾他人的能力。或许当他们"功成名就"之后，他们会乐意伸出援手，但当他们还在拼命往上爬的时候，让他们退一步待在家里是很难的。

这种相对固化的观念不仅影响着职场和家庭，也会影响到我们解决社会问题的方法。大家总是认为成功就意味着要有一个坚定的立场，摆出强势的、毫不妥协的姿态。这是非常男性化的叙事方式。我在我们女儿米莉学校的演讲日上听到过一个精彩的演讲，讲者是伊芙·普尔博士（Dr Eve Poole），她在阿什里奇行政教育学院（Ashridge Executive Education，前阿什里奇商学院）教授"领导力和性格"课程。普尔博士在演讲中提醒了我们一件其实根本不需要提醒的事——我们不再是生活在洞穴里的原始人了，所以战斗的心态应该成为过去式了，至少是偶尔才会用到的。我们不再需要时刻处于警戒的状态，随时准备去进攻。我们已经可以通过更加"与人为善"的方式来取得成功了，不需要去攻击别人，而是可以相互扶持。而且显然，现在不仅仅是在商业场合中，有更多的情况需要我们采取这样的方式来应对。我们需要少一些攻击性，需要让更多的女性能够自如地将她们的女性特质展现出来，从而将整个社会的行为方式变得更温和、更细腻、更善解人意。

我：建立一个更均衡、更开放的社会需要哪些条件，或者说你想看到哪些变化？

理查德：恐怕有可能发生的事和应该发生的事会有所不同。我希望职场会从本质上发生改变，我希望机器人和人工智能技术的快速发展能让我们反思自己是不是在为了活而活。在未来，改变是必然的。而且未来很可能会带来许多颠覆性的变化，所以我们现在就需要想好对策，尝试指引未来的发展，或者至少是为各种可能出现的结果做好预案。当人们能体会到自己的工作和生活不是割裂的，可以先规划好自己的生活，再去考虑想要怎样去工作、何时需要去工作时，我们才是真的在取得进步。

或许未来我们会看到不同的方法展现在我们眼前，或许会有一群非常有创意的男性和女性，建立一种全新的社会契约，就像巴克敏斯特·福乐（Buckminster Fuller）说过的："一万个人中只要有一个人能在科技上取得突破，就能让其他所有人得益。"这听起来可能很激进，但我们现在有许多热衷公益的互联网亿万富翁。我们完全可以期待大家提出一个与时俱进的社会模式，而不是在过往的结构上修修补补。

我：你认为对男孩和女孩教育方式的不同会加重他们之间的性别差异吗？

理查德：教育系统可以成为一个起点，让年轻人知道他们将来的生活和工作可以有更多变化，而不是单纯地找一个工作，然后努力往上爬。就目前的状况而言，职场主要还是男性化的大型全球性企业。无论是公有还是私有，企业内都有固定的职位和垂直的架构。虽然也有成千上万的公司不是这样的，但这依然是常态，是一种范本。当人们聚在一起时，其中有男有女，我们就能学到更多。我们会发现大家可以有不一样的发展路径，但都走得通，只是结果不同；当然不同的路径对员工和公司的经济状况可能产生不同的影响。

在对我们自己孩子的教育实践中，我们看到女孩子在学校接受的教育有时会无意间加剧她们的不安全感；另一方面，学校对男孩的教育也需要发展，以使他们获得比线性职业更多的可能性。对于专门的男校或女校而言，这一点尤为重要。当然，那些最好的学校已经意识到了这一点，但也还是难免会落入从前经验主义的套路中，而这些方法往往无法适应将来的趋势。学校、家长、媒体和政府都总是在拿男孩和女孩、男性和女性做比较，试图让女性适应男性的模板，而这永远不会带来平等和幸福。女性不应该迫于压力模仿男性，男性也不应该迫于压力像父辈那样去生活。当男性和女性都能体会到这一点时，当我们都开始懂得自己可以选择不同的方式去生活时，事情就会发生变化。

我：你会不会担心因为女性获得“反向特权”而使我们的儿子受到影响？

理查德：在个人层面上我并不担心这件事，因为我认为孩子们完全有能力展现自己的才华，如果他们受到歧视，那我会建议他们不必要跟那些公司或机构有任何瓜葛。我相信目前的确存在“反向特权”的状况，但我希望这只是一个暂时性的问题，因为有些人在尝试改变的时候选错了方法，他们依然在用带有偏见的二元化观点来看待事物——非男即女，非黑即白，非弯即直，而不是从整体的角度来看待问题。如今方兴未艾的“身份认同政治”是注定失败的，但当下的教育系统和媒体还在推动这种身份认同，所以我们的思想需要演进，改变这种简单化的、分裂的观点。

我：你认为现在许多女性在争取性别平等时采取的方法好吗？你有没有什么别的建议？

理查德：正如我刚才所说，目前的做法是行不通的，因为所有的关注都集中在少数族群身上，女性也好、性少数群体也好、少数种族也好，而不是从一个统一的整体角度去看问题。女性本身也会这样做，比如去抗议、抱怨和责怪男性，但其实很多男性也愿意为了自己的妻儿、姐妹和朋友追求性别平等。只有共同努力，我们才能取得进展。这正是你们在30%俱乐部所做的，但同时这也让我们看到还有更多未竟之事在等着我们去完成。我们努力的目标一定是为所有人争取更好的结果，而不只是为了哪些单独的群体。我们要提醒自己，别光顾着帮助受歧视的群体，忘了去改变旧的工作模式和落伍的生活方式。迄今为止，我们一直在强调为“多元性”而努力，这么做是为了在一开始就获得更多的关注，现在是时候为了创造更好的工作和生活模式而努力了。

我们一直在试图让男性之外的人也拥有一席之地，但其实我们真正应该思考的是这地方是否适合那个人，这一席之地又是否值得拥有。

我们需要有更大的野心——我知道我俩都相信，此时此刻大家都已经意识到现状所存在的问题了。我们所需要的平衡与和谐现在还远未达到，但我认为这是一个可以团结所有人的目标。

我们最年长的两个儿子都在牛津大学念书，读的都是语言专业。一个在万灵学院专攻阿拉伯语和伊斯兰研究，另一个在读法语和德语的大学二年级。几年前，我在牛津大学辩论社（Oxford Union）做了一次关于两性平等的演讲，当时我惊讶地发现台下年轻男女的比例几乎一样多。我担心他们错以为我是来探讨其他话题的，所以我悄悄询问了其中一个学生，他让我放心，他知道我要讲什么，而且他还带了自己的女朋友一起来听，因为觉得两人都能从这次的演讲中受益。

但最近，当我在“牛津商界女性协会”（Oxford Women in Business Society）发表演讲时（我也会到别的大学去发表演讲），全场的男性听众不出所料只有我那两个儿子。我如往常一样，先是简单介绍了一下自己的职业生涯，包括其中的高光时刻和低谷，我在30%俱乐部的经历和我成功的秘诀，也包括一些可能会让菲茨和图比感到尴尬的家庭轶事。不过他们都能应对自如。我的这两个儿子也像我一样，对女孩子提出的问题很感兴趣。这些问题与我们在第七章中罗列过的十个问题也有部分重合。离开了课堂和大学酒吧，在演讲会现场，这些年轻女性对自己的未来竟感到如此不安。

对此，菲茨分享了他的想法：

“我觉得在我们这一代人中，女性对于未来存在两种截然不同的看法。大多数我认识的女生都很有主见。从她们的表现来看，她们并不认为在实现生活目标的路上会有什么阻碍。在智力和学习成绩上，她们也都和男生一样厉害，甚至更强。我希望——也确实认为——我们这一代的男性对于女性的看法比上一代人要更开化，这一点也得到了这些女性的认可。我认为大多数女性一点都不觉得男性在妨碍她们去做她们想做的事，但还是有一小部分人在推动这种‘受害者叙事’。这些女生总在警惕别人的冒犯，她们不想承认那些正面的进步。她们人数不多但声势浩大。她们不像那些会来听你演讲的女生——那些女生会专注于自己的未来，努力学习，也常常参与体育运动，她们享受大学生活，也能看到机遇。但我们应当意识到的是，安静的大多数可能会淹没在少数人巨大的声量中，而且我认为这个少数群体正在壮大。”

“当你在那次商界女性协会的活动上发言时，我突然意识到从来都不会有只面向男性的同类型活动，在普通的商界活动中也从不会有人问起那样的问题——人们，不论男女，都不会问起孩子对他们的事业会产生什么样的影响。我觉得那次活动给了女生一个机会，问出那些她们通常不好意思提出的问题。因为你在台上发言是作为她们的榜样，但你也展示了自己有血有肉的一面。除了分享你的成功之外，你也分享了你的脆弱——你可能会犯的错。我认为正因如此，那些女生才愿意敞开心扉地问那些她们真心想知道的问题，这很有意思。”

菲茨的妹妹芙洛没有来到演讲现场，但她提出了类似的意见，这

让我很吃惊。她也观察到一些年轻女性的做法实际上可能会阻碍她们的发展:

“我认为要彻底实现性别平等，最大的障碍就是媒体和社会传统。随着移动端科技的发展，社交媒体平台、新闻、杂志和品牌都触手可及，所以很难做到只传达一个明确的信息，所谓‘正确’和‘包容’的边界都变得模糊了。我看到许多像我这样年龄的女性（芙洛 22 岁）在 Instagram 上以一种咄咄逼人、适得其反的方式发布女性主义信息——或许她们不是故意的，或许是因为没人教过我们应该如何用其他方式来传递自己的观点——以女性的方式采取行动，而不是像男性那样通过武力或反抗。我们需要发声，但不是以这样的方式。我希望我们可以试着多利用像《新秀》(*Rookie*）杂志[①]这样的平台，多发动不同的共创组织，让男性也加入进来。我们应该看到，我们比以往任何时候都更需要彼此。否则双方的差距和疏离将继续存在。我们需要更多的理解和团结，而不是让女性孤身为自己而战。”

我喜欢芙洛所讲的“以女性的方式采取行动”。在“牛津商界女性协会”的演讲结束后，有一位年轻女性与我分享了她在银行做暑期实习的经历。在实习即将结束时，她被要求评估自己的表现，并需要着重体现她本身的技能为团队做了哪些贡献。她当时觉得应该遵

① 一个由博主塔维·格文森（Tavi Gevinson）创办的少女杂志。

循常规，强调自己如何运用了数学技能，如何安排工作时间，听从指导并完成了任务。但实际上，她认为自己的情商、合作能力和倾听能力——这些我们已经充分讨论过的女性特质，才是真正对团队协作更有益的。她很矛盾，因为她觉得如果强调这一点会有风险，因为可能公司当时还并不看重这些特质，或许会认为这是“软弱”的表现，那她拿到正式工作机会的概率就会大打折扣。于是我反问她：如果真是这样，你还真心想加入那家公司吗?

从她的发言中我们可以看到，让女性安心地做自己仍是一件未竟之事。

第十章

我们可以共谱未来

我，就算只是一个人，也有一己之力。

我，并非无所不能，但总有力所能及的事。

我不会让那些无法企及的事来干扰我可以完成的事。

爱德华·埃弗雷特·希尔　美国作家、历史学家

*　*　*

这本书主要是想让大家看到，我们拥有实现性别平等的大好时机——但这一切未成定局，我们还必须提防一些风险因素。但在我看来，“特朗普上台”所带来的影响又是另一回事了。他的选举让这么多女性感到不安和愤怒，但同时他的大男子主义形象和种种性别主义的言论也分散了大家对选举本身的关注。当下的性别平等运动能有如此强劲的势头，与世界的发展趋势是分不开的。一个男人，无论他的职位有多高，他的所作所为可能会使我们进步的脚步放缓，但都不能让时间倒流。这并不是我盲目自信，稍后我们再来展开讲讲。

还有一些不常被广泛探讨的原因可能会使我们创建平衡社会的目标落空。其中有三项风险基本上是可以由我们女性自己掌控的：

1. 我们可能会执着于“性别战争”的心态；

2. 我们可能会执着于模仿男性，却忘了要发挥自己的特色；

3. 我们可能会担心自己想要“完成伟业”的决心只是一厢情愿，因为目前社会就连保障女性的基本安全都还做不到。

女性主义以性别战争的形式存在太久了，以至于我们有时都忽略了其实许多男性已经站在了我们这一边；我们甚至顾不上看看我们在许多地方已经取得的进步，并为此感到欣慰。现在对于许多女孩来说都是前所未有的好时代，但许多受过高等教育、生活富裕的女性往往还在纠结一些悬而未决的问题。继续努力解决这些问题固然很重要，但如果抱怨问题多过颂扬成就也会适得其反。总会有一些“守旧”的男性存在，但也有更多人想要与时俱进，我们要做的就是继续与我们的男性盟友同心协力。从实际情况来看，什么是可以被接受的，什么是常规的，这些标准都已经发生了很大的变化——这也正是为什么粗暴的行为和误导性的评论会受到如此多的批评。从各个角度来看，它们都是不合时宜的。

此时此刻，当这么多女性已经拥有这么多机会的时候，我们需要警惕，不要滥用受害者叙事。在当今社会的许多地方，女性已不再是受害者，除非我们主动选择将自己归为此类。那些真正受到压迫、处于不利境地，或受到不正当对待的女性才是真正的受害者，需要我们及时采取行动，出手相助。在办公室里遭遇同事傲慢的言语，与面对强奸或被奴役的恐惧是不具有可比性的。如果一个年轻女孩总在媒体上看到有关性骚扰的报道，她很有可能会认为大多数男性都是掠夺者，认为这种严重的人身攻击是当下工作生活中的一部分，进而认为性别平等根本没有取得任何进展。我们需要抉择，要让大家更有信心去开创未来，而不是被过去吓到。

那么应该如何去面对那些可能削弱我们信心和士气的“日常性别歧视”呢？其实我们大多数人并没有脆弱到会因为一点小挑衅就不知所措，但我们确实需要找到一种解决方案，不仅使我们能摆脱这些挑衅，还能防止它们发生。实际上，当人们意识到自己的行为损害到同事的利益时，通常都会感到羞愧。有一次，我小心翼翼地告诉一位男同事，他的措辞挫败了一位女同事的信心。这位具有头领特质的硬汉羞愧地把头埋在双手之间，坦诚地表达了歉意。紧接着他说道："我其实是想要帮忙的，但我现在明白是我搞砸了。我该怎么将功补过呢？"

回过头看，我发现自己一路走来，每当有人以居高临下的姿态对待我时，我都没有转身逃开，而是想办法与之建立对话。有时未必是我有意为之，但我发现这确实是一个有效的方法。理查德告诉我，示弱也是一种强大的手段。伊朗式客套——"塔洛夫"，就是指在刚结识某人时表现出谦卑，或是袒露自己的弱点，但实际上却可以在此过程中获得优势。这是一种微妙而世故的手段，而且屡试不爽。

与此同时，我们需要在整个社会的背景下看待性别议题，而不是把它看作一个独立的问题。回想我在职业生涯初期看到的纽约公司那些神采奕奕的女同事，她们是多么令我惊艳。但从那时到现在，美国在女性问题上取得的发展与其他西方国家相比是不均衡的。令人惊讶的是，到 2016 年 11 月美国大选投票时为止，这个国家依然没能保证孕妇有带薪产假。全世界同在此列的只有阿曼和巴布亚新几内亚。如果特朗普总统能在女儿伊万卡的鼓励下提议保证给所有家庭（包括收养家庭）提供六周的带薪产假，那将是一件极具讽刺意味的事，但也一样值得欢迎。同时，我们也需要去理解，之所以会有 62% 未受过大学教育的白人女性和 45% 受过大学教育的白人女性选择投票给特朗普，是因为她们对政治现状不满。我们可以通过倾听其他观点来帮助弥合社会分歧，而不是无视它们。但那些自诩开明的人往往最容易妄下断论，而不是对不同意见持欢迎和尊重的态度——尤其是那些在他们看来不那么有见识、不那么现代派的观点。人们很容易沦为并不开明的开明派，有时甚至都不自知。如果我们真的想要建立桥梁、取得进步，就要抵制一切优越感，并尽量尝试去理解其他观点。这包括刻意避免去暗示实现两性平等就意味着要让女性与男性对立——哪怕是微乎其微的对立。我们的目的是要摆脱过去对单一性别的压迫，而不是重蹈覆辙。

公开的政治正确，以及不可避免的激烈抵制，都是性别战争心态的进一步表现。人们很容易将一系列连锁反应归咎于为追求公平而采取的过激行为，也不管这是事实还是人们的想象。不负责任的报纸头条很容易引发负面的情绪，就如 2017 年 6 月 28 日出版的《每日电讯报》上赫然写着“四大艺术机构因多元化而面临削减拨款”——事实上，那篇文章揭示了英国最大的艺术公司同意“为更高的利益做出一些牺牲”，这是艺术委员会主席尼古拉斯·塞罗塔爵士（Sir Nicholas Serota）的原话。他解释说：“事情的本质是国立机构认识到了只有整个生态系统共同繁荣，才能实现真正的繁荣。”所以这篇文章更准确的标题应该是《四大艺术机构共享拨款以支持多元艺术家》，但这样写就不那么具有煽动性了。在此关头，我们必须时刻警惕那些借着“多元化的名义”做出的毫无建设性的指责。我们在建立一种新的多元化概念，它专注于让每个人都能获益，而改变观念需要大家齐心协力。这种更为进化的观念在许多地方已经初见端倪，但这种想法时不时又会退回到“多样性是一种忍让，而不是共荣”的迷思中。

我列出的第二项风险是我们可能会执着于模仿男性，而不是去塑造自己的特色，因为模仿反倒可能让我们错失这个难得的好时代。这又是一个暗藏的、容易上当的陷阱，毕竟长久以来我们已经适应了一套关于成功的定义。正如我们之前探讨过的，我们要鼓励有创意的女性去发挥自己的创意，只要那是她们的才能之所在；而不是要硬逼着她们去学数理化，去成为医生或律师，除非那就是她们真正的志向所在。我 8 岁的女儿没事就喜欢在厨房里捣鼓一些科学小实验，我很乐于见到她这么做，如果她在这方面的热情能够持续下去，我也一定会鼓励她在科学研究的事业上取得发展；但当她其中一个姐姐在物理课上读不下去的时候，我们也很乐意她放弃物理学，改读西班牙语。而且事实证明她在这方面很有天赋，后来她在普通中等教育证书考试（GCSE）和高级程度会考中都拿了 A* 的成绩。粗粗瞥一眼学生们在高级程度会考中的科目选择就会发现，男生和女生在科目选择上有固定且显著的偏好，所以我们至少应该尊重这种不同。在个人选择越来越受重视的今天，如果我们不鼓励女儿去追求她们真心感兴趣的事物，那就功败垂成了。尤其当我们要与人工智能竞争的时候，很难想象有什么是比创造力和横向思维更重要的。

最后，在三项风险之中，女性董事会成员和女性首席执行官的缺失似乎是一个只属于“第一世界的问题”。因为相比之下，生活在西方国家欠发达地区，还有亚洲、中东及非洲部分地区的一些女孩需要面对的是真正的危险和困境。我自己的内心也曾为此感到十分挣扎，后来我发现解决性别问题需要在各个层面同时做出努力。但这并不意味着一个人要兼顾所有这些工作，你可以把我们大家的努力想象成一张拼布床单，成果是由大家一起拼凑出来的。

我知道就我自己而言，专注在我有经验和专业知识的领域要比泛泛地支持女性利益要来得有效。30% 俱乐部原本十分具体的目标已经被拓展到其他城市，也被应用在职业道路的更多阶段中。之所以会有这样有机的发展，是因为这种方法被证实是有效的。但如果我们当初的目标是在全球范围内实现“从课堂到董事会”，那 30% 俱乐部应该会失败。作为个人，我们可以通过专注来提高工作效率，但要形成广泛的进步，就需要无数人同时付出努力，以形成强有力的联盟。如果我们按部就班，只解决部分问题，或是只解决部分地区的问题，那么就都无法让我们取得全盘胜利。

简单回顾一下女性发展的历史我们就会发现，世界各地的模式都是一样的。当然，这种模式是不可预测的，进展也可能不是线性的。例如现在在英国，家庭暴力又成了需要被重视的问题。但从广义上来说，这些变革都会遵循差不多的几个阶段：

第一阶段：保护女性安全，保护女性免受家庭暴力的威胁

第二阶段：为女童提供接受教育的机会

第三阶段：保证女性的公民权利——包括私有财产和投票权

第四阶段：提供均等的就业机会，继而要求同工同酬

第五阶段：意识到光有立法是不够的，需要努力克服隐蔽的歧视和根深蒂固的偏见

第六阶段：实现完全平等所能带来的好处，包括男女拥有同等的机会去影响、去领导、去创造、去参与，同时平等地进行合作，可以自由选择，各得其所。

1943 年，心理学家亚伯拉罕 · 马斯洛（Abraham Maslow）提出了著名的“人的动机理论”。他将人的动机划分成了不同的需求层次，从最基本的物理需求直至自我实现或个人成长。后来他将最初的五个需求层次扩展到了八个，以精神需求作为塔尖封顶。

女性权利的发展也可以被铺排成类似的金字塔形式。

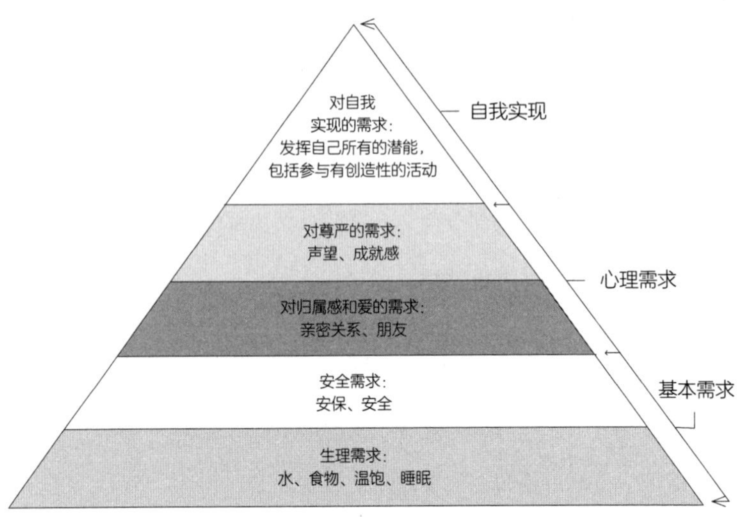

马斯洛的需求层次理论

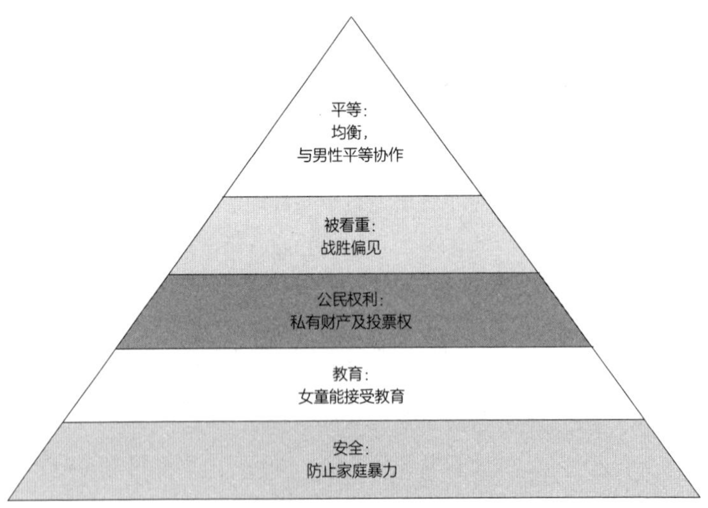

女性权益取得进步的层次

显然，在这两个金字塔中，如果没有坚实的根基，我们是很难登上塔尖的，但如果只谈基本需求就会埋没我们作为人（或是作为女性）的潜能。我们不应该为自己不断冲顶的努力而感到羞愧，因为我之所以是今天的我，也要仰仗前辈女性的努力。正因为她们承担了巨大的挑战，反抗了针对妇女的严重压迫，我们现在才能“再接再厉”，帮助下一代在金字塔上获得更高的起始点。但我们也同样需要注意到有许多女性仍要面对重重阻碍，甚至是在自己的家庭里。现在我手下的学徒有很多来自不同的种族，她们从不抱怨，总是满腔热忱。她们的存在不断提醒着我，要保持更开阔的视野。

曾经有一次活动尤其让我体会到要在全球范围内帮助女性获得进步，必须要有来自各个方面的努力，也让我看到了那些为众多处于不利境地的女性捍卫基本安全保障的人是多么伟大。

2014 年，我受邀在洛杉矶举办的米尔肯研究所全球论坛（Milken Institute Global Conference）上发言。我向来对大规模的高规格集会持谨慎的态度，比如，我从未参加过达沃斯世界经济论坛，我很怕这些人只会空谈。米尔肯明确表示他们的目标是要笼络一群不拘一格的“实干家”，所以论坛上不安排主题演讲，而是鼓励合作，让大家把厉害的想法转化成更有力的行动。因此，我决定亲自去看一看。我参加的投资者小组讨论的是如何“把钱花在刀刃上”——如何将更多资金投资给正在推进多元化的公司。会后，论坛的组织者再次与我取得了联系，告诉我他们想以行动支持自己的言论，所以他们会在 2015 年的论坛上争取让女性发言者的比例达到 30%。第二年，当我再次出席这个论坛时，发现他们基本算是达成了这个目标（29%），而且他们还将性别平等这一话题穿插在三天内的各种讨论之中，从环境议题到地缘政治，乃至医学研究。论坛还设有一个名为“打散重构”（pièce de résistance）的午间专场，旨在激励与会者思考“你会做什么来为妇女和女童创造更好的环境？”

米尔肯集团召集了多元化的演讲者阵容，有来自不同领域的男男女女，他们都在以自己的方式为妇女和女童创造更好的世界。他们中有些是名人，有些则不然。他们来自不同的国家和背景，但每个人都有自己擅长的领域。女演员帕特里夏·阿奎特（Patricia Arquette）在论坛上谈到了薪资平等的重要性。几个月前，她刚刚获得了奥斯卡最佳女配角奖，在发表得奖感言时，她还在为全美国的女性争取薪资平等。同为好莱坞女明星的芙蕾达·平托（Freida Pinto）借助在米尔肯论坛发言的机会，向与会者介绍了“印度女童崛起”（Girl Rising India）计划，这也是全球女童教育普及计划的一部分。美国全球艾滋病协调员黛博拉·伯克斯博士（Dr Deborah Birx）谈到了非洲部分地区年轻女孩较易感染艾滋病的问题。马拉拉基金会的联合创始人夏扎·沙希德（Shiza Shahid）谈到了巴基斯坦年轻女性面临的挑战。切丽·布莱尔（Cherie Blair）谈到了她自己的基金会，以及导师制度在新兴经济体和发展中经济体内对商业女性的重要性。而我则分享了有关 30% 俱乐部的事。

论坛一共有 18 位讲者，我们来自世界各个角落，从沙特阿拉伯到美国，从棚户区到董事会。当我们站在金字塔底部时，我们远没有底气对女孩们说这是属于你们的好时代；但当我们站在金字塔顶时，绝对平等的前景才会越来越清晰。

我们听到了一些非常极端的故事，但其实即使是在某个地区、国家、宗教和文化环境中，不同女性的经历也可能是很不一样的。正所谓“同而不同”——社区公益投资公司也曾以此为标题策划过摄影项目，用摄影作品彰显各种各样的女性。如果我们每个人都能找到一个具体的领域来帮助推动进步，同时对全局也有一定的概念，那我们就能将个体努力的效果放大。

那些靠近金字塔顶端的人，如果他们有足够的大局观，那他们不仅可以产生更大的影响力，也更能触及更广泛的受众。“# 我也是”（#Metoo）运动最初能在网上迅速传播开来，是因为好莱坞女演员艾莉莎·米兰诺（Alyssa Milano）在推特上写道：“如果每一位受到过性骚扰或性侵犯的女性都在推特状态栏里写上‘# 我也是’，那人们或许就会意识到问题的严重性。”短短 24 小时之内，仅在脸书上，全球就有 470 万人参与到这个话题中，这促使人们对这个问题的看法发生了转变。这证明了当今女性凝聚的力量。

但也不是所有女性都拥有这种力量。想必米兰诺在发布那篇推特时不会知道，早在 20 多年前，就有人种下了“# 我也是”运动的种子。当时一名 13 岁的女孩向社会活动家塔拉纳·伯克（Tarana Burke）吐露了自己遭到母亲男友性虐待的经历。伯克如是描述了自己当时的反应：“我被她的话吓坏了，内心涌动着激烈的情绪……我真的听不下去了，我承受不了……于是还没等她讲完我就打断了她……我看着她收拾起袒露的脆弱，重新戴上伪装的面具，退回到孤立无援的世界里。而我甚至都没能让自己轻声对她说一句……我也是。”正是这个令人心碎的经历让伯克决心要帮助性侵受害者。伯克是一名黑人女性，她将许多精力投入为黑人女童赋权的活动中。她直言不讳地指出，直到有名的白人女性加入到她的倡议中，才使她长久以来的努力获得了飞跃式的发展。米兰诺的推文所产生的影响力突显了登上金字塔顶所带来的机遇和责任。意识到站在塔尖拥有的特权，还要回过头来尽可能多地接触不同层级的女性，这样才有助于为全世界更多女性带来进步，同时也能让我们自己获得支持，以解决剩余的障碍。

我是一个乐观的人，但我们仍然需要一个经过深思熟虑且有同理心的解决方案来唤醒女性的力量。经济不平等和社会上的排挤是另一种威胁。全球化曾是进步的代名词，但直到最近，全球化却与失业和不景气联系在一起。世界这个大熔炉已经过热了。

当然，这并不意味着要为争取更大规模、更广泛的经济繁荣而排斥多样性人才，因为他们能帮助我们推动业务、创造增长、未雨绸缪。我们要纠正错误的观点，问题不在于决策层面的多元性过剩，而是还不够。如果想要发展壮大，我们就必须让更多女性参与到全世界的职场中。性别不平等是一个全球现象。根据麦肯锡的预测，如果女性能和男性一样平等地参与到劳动力市场中，那么到 2025 年，全球经济将迎来 28 万亿美元的增长。日本就是一个很显著的例子，你或许难以想象，数据上显示，现在日本婴儿尿布的销售额要低于成人尿布的销售额，面对人口极速老龄化给经济带来的挑战，释放女性潜能成了日本解决危机的关键政策之一。

每个国家面临的挑战都不一样，但科技的发展增加了信息的可视化程度，实现了知识共享。30% 俱乐部如今在全球已经有十个分部了，但我们的核心做法是一致的：我们主动与资深的男性商业领袖建立联系，制定量化的、自愿性质的目标，与他们通力合作。当然最理想的情况下，还能得到政府的扶持。我们的网络是全球性的，但每个地方自身的热情、领导力和相关知识才是关键——所以每个 30% 的分部都要适应不同的当地文化，以便解决当地的具体问题。依我之见，变革绝不能由外人强加，因为这容易引发人们的防御意识，甚至是敌对情绪。分享各人之所学是一回事，但谁能要求别人一定要这么做呢？因此，只有当人们真心认识到多元化和平等会给国家的经济和社会利益带来好处时，改变才会发生。

我曾出席了《女主角》（*The Female Lead*）一书的出版庆祝晚宴，这本书搜集了 60 位“塑造世界的女性”的故事和照片，由创业家艾德文娜·邓恩（Edwina Dunn）牵头创编而成。在晚宴上，大家的对话在极度乐观和不同程度的沮丧之间来回摇摆。其中令人印象最深刻也最打动人的故事是由尼姆科·阿里（Nimco Ali）分享的。她是一位经历过女性生殖器割礼的幸存者，现在是一名社会活动家。她的故事向我们展示了一位女性非但没有沉湎于自己的痛苦，还能正视前路，甚至保护自己的侄女免受女性割礼。这让我意识到，我们虽然无法改变过去，但我们可以书写未来。

我相信我们应当比以往任何时候都更乐观。因为“这一次不同了”。这一次我们应该决心有意识地去克服剩余的挑战，去创造真正的平等——让人丝毫不再觉得会有一半人凌驾于另一半人之上。只有做到了这一点，我们才有可能愿意对所有“其他人”敞开怀抱，尊重他们，少一些攻击性，也看得更长远。如果完成这项任务能带来这么多回报，那真是再理想不过了。

作为一名基金经理，我所接受的职业培训让我对“这一次不同了”这样的说辞十分警觉。回顾历史，人们曾多次尝试从根本上促成男女之间的权力平衡。“机遇正当前”（Opportunity Now）是由社区公益投资公司发起的性别平等运动。1991 年 10 月正式启动时，该运动最初被命名为“机遇在千禧”——那年十月我也刚成为一名母亲，第一次清醒地意识到职场中存在的性别问题。从最初的命名可以看出，当时的人们以为一切问题都能在千禧年之前被解决。近年来，职场中围绕女性的对话震耳欲聋，尤其是在我这本书出版之后，声量又被进一步调高。但正如我们在本书中所探讨过的那样，尚未解决的问题依然存在。

但如果我们已经做出了选择，那所有这些都不应该动摇我们对未来的专注力。在过去的两个世纪里，我们看到了周期性的巨大进步；但这些努力和成果都是一波接一波出现的，而不是贯穿始终的。欧洲和北美的女性主义运动历史通常都会以这一波波浪潮的形式被记录，第一次女性运动浪潮是19世纪和20世纪初的选举权运动；第二次是20世纪60年代和70年代的“妇女解放”运动；第三次是近期发生的，基于第二次浪潮的扩展，继续之前未竟的事业，包容性也更强了。所有这些努力，包括全球围绕“向前一步”的对话，逐步积累到了现今这个阶段。现在，我们不再是要让女性去适应男性主导的环境，而是要和男性一起来创造一个全新的环境。这一波新的浪潮有势不可挡的潜力，因为所有人都能参与其中——它不再是“自上而下”的形式，也不只是在现有的结构中增加几位女性，而是要创造新的工作、生活和经商方式，以适应新时代的男性和女性。

我们也要提醒一下自己，此刻的突破是多重因素叠加产生的巨大效应。科技让权力结构变得扁平化，也重新定义了什么才是有效的领导力；环境的巨变在召唤新的思维方式，也让具有女性特质的行为方式更受重视；多元性的“成熟期”既意味着思想上的多元性，也意味着解决问题的能力。这些都是变革所需要的先决条件。我们的下一代是在这个巨变的时代里成长起来的，他们可以帮助我们把机遇变成现实——这些男孩女孩通过互联网获得教育、进行社交，并发挥影响力，所以他们随时随地都准备好了为变革做出贡献。他们把工作看作一个行为状态，而不是一个固定的地方。他们与兄弟姐妹之间都是平等的，他们期待人生是一场伟大的冒险，而不仅仅是维系一份事业。但他们无法单靠自己来实现性别平衡的大业，他们需要来自父母、老师、导师、雇主、公司老总和政治家们的帮助和支持。我们需要创造一种新的叙事方式，一方面雄心更为远大，同时又更为低调成熟，而不再是帮女性融入过时的设定。这个目标不需要通过什么运动来实现，而是需要一种不同的思维方式。

对此，我们每个人都责无旁贷。不仅要让女性遇上好时候，更要为所有人创造一个更好的时代。

后记

这是你的时代

该由你翩翩起舞

你要把握每一刻

不要听天由命……

——米迦勒·W. 史密斯

成为母亲，尤其是不断成为母亲，有着令人感伤的一面，因为孩子们的成长在不断提醒着你，生命有它的周期。我最大的儿子刚刚结婚，大女儿将在几周后成为母亲，另一个女儿则刚刚上大学，她的两个哥哥也还在大学校园里。从个人层面上来说，看到下一代人的期许、焦虑、希望和梦想渐渐展开是一件令人心潮澎湃的事。

正如我们在本书中探讨过的那样，我对孩子们的未来保持着乐观的态度，但也留意到了许多可能会摧毁他们信心，乃至最终破坏他们幸福的警报。我常常对他们重复以下这些建议，在此也分享给你们：

先做了再说。开放地看待各种可能性，要乐于探索，敢于拥有雄心壮志。要拓展你的边界，哪怕每次只拓展一点点。你一定会为自己可以取得的成就感到惊讶。

大处着眼，小处着手，但必须立刻着手。你总能想出理由来不做某事。如果你有一个想法，不要让害怕出错的恐惧感阻止你去尝试，也不要想着你必须提前计划好每一步。要紧盯着你的愿景，而不是一板一眼的表格。

发挥你的优势。不要掩盖自己的不同之处，正是你的不同定义了你是谁。这是你的生活，让自己感到幸福和满足是每个人的功课，生活不是和别人博弈的游戏。去发现那些最让你感到心满意足的时刻，并在此基础上继续努力。

尽量表现得自信。人们愿意信赖自信的人。要记住，每个人都有缺乏自信的时候。你可以设计一些技巧来帮助自己，直到你真正变得自信。

挫折是不可避免的。重要的是你如何应对。每一个职业每一个人的生活，都是一座迷宫，而不是直上直下的梯子。

要开口求助。没有人拥有所有问题的答案。能寻求别人的建议是强者，而不是弱者的象征。去寻找真心希望你成功的朋友，去寻找既能彼此相爱又能共担生活的伴侣。

在力所能及之处帮助他人。这是一件能赋予人力量的善举。留意身边的人，如果你看到有人需要帮助，不要留待他人来伸出援手——主动伸出你的援手。把爱传出去。同样，你也可以为实现真正的性别平等贡献一份力量。

如果你想成为一名首席执行官，那就放手去争取吧。你可以用你自己原创的方式去达成这个目标。无论你是否立志成为一名首席执行官，都要设法将命运掌控在自己手中。

记住，没有唯一“正确”的路径。成功没有既定的配方，也没有什么手册来规定该如何经营家庭和事业。你需要时不时地问问自己：对你来说重要的东西是否发生了改变；未来要成为什么样的自己才会让你感到开心。

如今称得上是女性的好时候，但并不代表所有问题都已经解决了。如果你被人欺负或受到骚扰，要大声说出来——因为一定会有人听到。如果你身处的环境令人失望，你的首要任务是找到一个新的环境。想想我早期的职业经历，如果第一条路行不通，也许第二条路可以。

最重要的是，记住这是你的时代。

“你们认为董事会成员闲来无事会不会扮成我们主妇的样子？”

——摘自 1971 年 8 月刊的《笨拙》杂志

鸣谢

我很感谢这么多人和我分享了他们的想法和经验，帮助我完成了这本书。

我要感谢那些在关键时刻给我机会的人，他们倾听并与我畅谈他们的建议。感谢我的父母和妹妹莉兹，是他们让我在成长过程中体会到做一个女生是很棒的。感谢唐纳德 · 卡梅隆（Donald Cameron），感谢他给了我在施罗德（Schroders）工作的机会，那是我职业生涯中收到的第一张信任票。感谢斯图尔特 · 牛顿，以及我在牛顿和纽约梅隆银行的前同事们——尤其是罗恩 · 奥汉利、柯蒂斯 · 阿利奇（Curtis Arledge），还有迈克尔 · 科尔 · 方丹，感谢他们给我机会“先做了再说”！感谢最初组成 30% 俱乐部指导委员会的五位董事长，罗杰 · 卡尔爵士、温 · 比肖夫爵士、罗伯特 · 斯旺内尔、葛伦 · 莫雷诺和大卫 · 克鲁克香克，是你们的努力展示了男女共同努力可以取得伟大的成就。感谢彼得 · 格劳尔在我邀请他领导 30% 俱乐部美国分部时毫不犹豫地答应了——尽管那时他还不怎么认识我。感谢法通的奈杰尔 · 威尔逊（Nigel Wilson），感谢他给予我的建议和愿景。

我还要特别感谢 30% 俱乐部指导委员会的成员，尤其是古迪男爵夫人、梅兰妮 · 理查兹和布兰达 · 特伦诺登，以及所有那些没有单凭过去的经验就拒绝我们，而是能把目光投向未来，并创造了我们所共同期望的改变的公司和董事会主席。

我要向尼亚姆·科尔贝特（Niamh Corbett）致敬，在这本书的创作初期，她是我贴心的决策咨询人。我也要向罗杰·卡尔爵士和马克·津库拉（Mark Zinkula）致敬，感谢他们给初稿提供了宝贵的反馈意见。我还要向我优秀的孩子们致敬，感谢他们愿意为这本书贡献自己的想法，并能在我写作时给予包容。当然还有理查德，感谢他与我分享了宝贵的观点，感谢他一遍遍阅读我的书稿，还有，也是最重要的——感谢他无条件的爱！

最后，非常感谢我的经纪人乔治娜·卡佩尔（Georgina Capel），当我问她愿不愿意做我的经纪人时，五分钟不到她就回信答应了。也要感谢柯林斯出版公司（William Collins）的阿拉贝拉·派克（Arabella Pike）和她出色的团队，是他们让一个想法变成了现实。